Breven till Apollogatan 1938 - 1943

BREVEN TILL APOLLOGATAN

1938 - 1943

T-U. WESTERBERG

&

JAN WESTERBERG

© 2020 Jan Westerberg

Förlag: BoD – Books on Demand, Stockholm, Sweden

Tryck: BoD – Books on Demand, Norderstedt, Tyskland

ISBN 978-91-8007-754-5

Till minne av våra föräldrar
Thor-Ulf & Anneli
samt
broder Leif

Innehåll

Förord

Året var 1939. Tyskland hade tagit kontrollen över Rhenlandet, Saarland och Memelområdet söder om Litauen och annekterat Österrike, Sudetenland, Böhmen och Mähren. Den 23 augusti 1939 skrev utrikesministrarna Joachim von Ribbentrop och Vjatjeslav Molotov under det historiska avtalet som delade upp Europa i en tysk och en sovjetisk sfär. Finland skulle tillhöra sovjetiska intressen. I gryningen den första september 1939 anföll Tyskland Polen. Så startade andra världskriget. Under hösten tvingades Estland, Lettland och Litauen att gå med på att tillåta sovjetiska militärbaser inom sina gränser. I oktober överlämnade man motsvarande krav till Finland, varvid många och långa till intet ledande förhandlingar inleddes.

Våra föräldrar, Thor-Ulf Westerberg och Anneli Carlsén, var 24 resp. 21 år gamla när det finska vinterkriget bröt ut den 30 november 1939. Far var under utbildning till läkare - med.kand. den 4 april, 1939 - och värnpliktig dragon vid Nylands dragonregemente. Mor anslöt sig till Lotta Svärd-organisationen, först som ambulansförare, senare kommenderades hon till "kontors-lotta".

De få gånger, som kriget diskuterades i hemmet, skämtade far bort händelserna genom att berätta om ett dragonanfall med dragna sablar mot en bro, som bedömdes vara kontrollerad av fienden. En stridsteknik från tidigare sekler. Hans bedömning var, att om fienden hade varit på plats, hade ingen av dragonerna överlevt. Berättelsen var möjligen påhittad för att stilla ett frågvist barns nyfikenhet.

Åren gick och krigserfarenheterna, som inte diskuterades vidare, hamnade helt i bakgrunden. Ända till för något år sedan, när våra båda föräldrar var bortgångna, och kusin Christer Nyström

överraskade mig med en bunt brev, som far hade skrivit till familjen i
Helsingfors.

Thor-Ulf var en flitig brevskrivare. Ofta - även varannan dag -
skickade han skilda brev adresserade till föräldrarna och de tre
systrarna. Han skrev mest om hur vardagen förlöpte under krigsåren
med miljöskildringar. Eventuella krigshändelser nämnde han liksom i
förbifarten - ibland med ett inslag av humor om utgången inte var
allvarlig. Utvecklingen från ung läkarstuderande till erfaren
katastrofläkare framgår också tydligt av breven.

Mitt första intryck var att breven beskriver den vardag, som var
frontsoldaternas verklighet vid sidan om påfrestande
stridshandlingar. Breven innehåller endast antydningar om strider
beroende på den censur, som Thor-Ulf ofta nämner, men troligen
också av hänsyn till familjen, som han inte ville oroa.

Efter att ha läst breven ett flertal gånger och funderat över innehållet,
anar jag hans väl dolda oro över hur äventyret skall sluta. Fixeringen
och tankarna kring de många kvinnliga brevvännerna,
kurskamraternas familjebildningar och förhoppningen om ett eget
hem kan vara ett tecken på den osäkerhet inför framtiden han
upplevde.

Uppgivenheten han signalerar inför risken att få återvända till fronten
för att ligga och krypa i snön i 40°s kyla efter utbildningstiden till
officer kombinerad med tiden som konvalescent på grund av
ledgångsreumatism i januari/februari 1940, tyder på att tillvaron vid
fronten har varit mycket värre än vad som framgår vid en ytlig
genomläsning av breven.

Stämningen i breven ändras fullständigt den stund Thor-Ulf träffar
Anneli - "Världens raraste lotta", som han säger. "För övrigt leva
Anneli och jag allt fortsättningsvis i samma lyckorus som tillförne.
Vi veta knappast vad som sker omkring oss utom det som hör till vårt

arbete", skriver han till familjen i Helsingfors. Några få månader efter att de hade träffats bestämde de sig för att gifta sig med varandra.

Thor-Ulf dog redan 1965, 49 år gammal, men när jag nu 55 år senare läste breven, började mina båda föräldrar alltmera framträda i mitt minne. En del stämmer väl med hur jag minns dem, men mycket har kommit till. Breven samlade ger inte bara en bild av våra föräldrar, utan skänker även läsaren en utmärkt beskrivning av frontsoldaternas vardag - utan alltför detaljerade våldsinslag.

Jan Westerberg

1. THOR-ULF MED
FAVORITINSTRUMENTET UNDER SEGLING
I FINSKA VIKEN

A. Medan fred ännu råder

Augusti 1938 - April 1939

Bekantskap med havsbotten!
Helsingfors, den 26.8.1938, kl. 6 på morgonen

Ärade föräldrar!

Har lyckligt och väl tagit vår gemensamma stadslya i besittning. Anlände måndag kl 2[1] till staden från Kullo[2] och vandrade genast till laboratoriet för att se om det fanns någon sysselsättning för mig. Men lyckligtvis kunde jag vända hem igen utan att behöva anstränga mig ytterligare med något laboratoriearbete i den här hettan. Jag lade mig genast att sova (ca 4-tiden) och vaknade först vid 5-tiden morgonen därpå (sovde 13 timmar i sträck).

Kanske jag i korthet giver en sjöförklaring all den stund vi även hade den sällsamma turen att stifta närmare bekantskap med havsbottnen i Sibbo skärgård.

Vi hade kryss från Porkala i ganska frisk bris, men redan vid "Kytö-käringen" hade det mojnat så att vi hissade upp större "dukar". Smedberg och jag navigerade till kl. 11 på kvällen och vi hunno ända till Rönnskär utanför Helsingfors. Här övertog Bernhard och Cláès vakten och till fyrarnas ljus navigerade de från kl. 11 till 3 och de hunno ända till "Torra Hästen" i Sibbo skärgård. Det var här det skedde. Baron Cláès satt vid rodret och med långa nonchalanta slag kryssade han sakta fram under det han sjöng "Kippari-Kalles" paradsång "I'm a sailorman".

---

[1] kl 14

[2] Kullo inom f.d. Borgå landskommun

Plötsligt stördes friden ombord av att baron Cláès låter "Gunvors" köl stifta bekantskap med havsbotten. Av skrällen vaknade Smedberg från sin djupa sömn under det att kaffeburkar och saftflaskor ramlade i huvudet på honom. "Skeppar Bernhard" kom hastigt upp på däck och kommenderade draggen fram och med ens halade vi oss loss från grundet. Det hela gick undan på 10 minuter. Här tog Smedberg och jag åter hand om navigationen och vi seglade ända fram till Kullo utan vidare missöden.

Baron Cláès och Bernhard lovade hela vägen åter. På morgonen steg Cedercreutz tidigt upp och fortsatte sina anteckningar från färden i en bok, som bar titeln "När jag seglade för om masten". Han var nämligen ankargast ombord.

Arket är snart slut, varför det är naturligt att även min text slutar.

Hälsningar till alla släktingar och bekanta på Skrakatallen[3] från

Thor-Ulf

---

[3] Familjen Westerbergs fritidsställe på Porkala udd.

Fullmakten.
Nurmijärvi 1939

Käraste föräldrapar (med avkomma)!

Jag har funnit mig föranlåten att skicka min ärade moster till staden för att uppsöka eder med en anhållan om att Ni månde godhetsfullt genomsöka mina boksamlingar i min lilla, men dock studiekammare. Jag anser, att detta brev motsvarar en av mig utfärdad fullmakt, varför de eventuella samvetskval ni kommer att lida av, då ni rotar i mina ägodelar, äro fullkomligt obefogade.

För att ni inte må söka i blindo, vill jag närmare upplysa er om att det ni närmast har att efterforska är ett litet, grått, oinbundet verk med namnet "Fysiikan harjoituksia"[4] och vars stolta fader lystrar till det finskt klingande namnet Niini. Nu uppmanar jag den ärade upphittaren av detta vetenskapliga verk, att överlämna det i min mosters och även gudmors sköte, på det att hon må vidarebefordra det till dess rättmätige ägare.

Alldenstund jag lever i en stor okunnighet om huruvida min 'pro exercitio' utfallit till belåtenhet för prof. Laurila, hoppas jag att ni på ett snillrikt, men dock ärligt sätt, tager reda på det och meddelar min moster resultatet.

För övrigt tynges varken mitt hjärta eller samvete av några olidliga bördor. Dock måste jag på förhand förbereda er på att den stund, då jag stiger över tröskeln till er bostad tynges hela min lekamen av en börda, som är ett naturligt resultat av en onaturlig konsumtion av bageriprodukter och svinmat (sistnämnda må tolkas på rätt sätt).

Jag hoppas ni har framgång i edra efterforskningar.

Thor-Ulf

---

4 Övningar i fysik

2. FAMILJEN ANTON OCH ELIN WESTERBERG CA 1920, MED BARNEN FRÅN VÄNSTER THORBORG, INGA-LILL OCH THOR-ULF.

B. Värnplikt och beredskap på grund av rådande förhållanden i Europa

Maj 1939 - November 1939

Inkallad att göra militär värnplikt.
Willmanstrand 6.5.1939

Bästa föräldrar och syskon!

Har nu krigat i 2 dagars tid och nu först på kvällen den 6:e kan jag börja skriva någonting, ty vi ha hållit på i ett streck ända sedan dess jag steg av tåget. Då var våra undersergeanter och korpraler emot oss och for iväg med oss till kasernen. Jag har fått en "oppisäng", som är så smal att jag knappast vågade sova första natten, för jag var rädd att falla ner från den.

Här finns en massa bekanta. Löjtnant Standertskjöld-Nordenstam, som gått i Grankulla i skola, är min löjtnant inom 'Kuoleman eskadroona'[5] till vilken jag hör. Denna skvadron har fått detta namn, förty under frihetskriget stupade så gott varenda en inom denna. Det sägs att dödligheten inom denna skvadron är störst och att det spökar i kasernen. Det håller naturligtvis inte streck för här i denna skvadron äro de hyggligast mot rekryterna. Finne sade att jag hade tur som hamnade hit.

Här träffade jag aspirant Finne, vilken gick på uppköp åt mig till soldathemmet. Jag fick inte själv genast första dagen gå dit. Löjtnant St.-Nordenstam tillät mig idag på kvällen besöka 'sotilaspesä'[6], som den första från vår skvadron av rekryterna. Jag har en trevlig och

---

[5] Dödens skvadron (http://www.eskadroona.fi/)

[6] Soldathem

hygglig 'ryhmänjohtaja'[7], 'alikersantti'[8] Muijonen. Tillsammans med honom var jag på soldathemmet och drack kaffe. 'Kokelas'[9] Saurén och dragon Ekholm har jag träffat. Igår var Laban Gripenberg här och hälsade på.

Ni må förlåta min slarviga stil och flyktiga tankegång, men jag måste hela tiden vara på spänn och passa på att taga 'asento'[10] om någon överordnad kommer in.

Jag är alltså nu 'rakuuna-apina'[11] med skalat huvud och röda byxor. Jag har inte vetat att jag har så buckligt och skojigt kranium, så jag tror att jag knappast ids komma och visa det, innan jag ånyo fått hår. Mina röda byxor är bland de finaste och nyaste bland rekryterna, förty jag bytte ut det första paret, som jag fick och sade att de voro för små. Annars har jag badat här i finnbastu, sadlat hästar och sopat kaserngården samt exercerat, och blivit läkarundersökt. Hittills har det inte varit så svårt, men trött blir man så att gärna går man kl. 9 och sova. I kväll skall vi på 'iltahartaus'[12] till soldatkyrkan. Jag är enda svensk, och enda student inom "kuoleman eskadroona" så finska måste man tala.

Min adress är Thor-Ulf Westerberg
Lappeenranta
2/U.R.R
(Obs! på finska)
2-an betyder 2-dra skvadronen i 'Uudenmaan rakuunarykmentti'[13]

---

[7] gruppchef

[8] undersergeant

[9] aspirant

[10] givakt

[11] "dragon-apa"

[12] aftonandakt

[13] Nylands dragonregemente

Jag är ganska trött för att kunna fundera ut mera, så jag tror jag slutar nu redan. Nästa gång hoppas jag få till stånd ett bättre brev. Hoppas att alla mår bra och så hoppas jag att ni snart skriver något.

Många hälsningar från 'alokas'[14] Westerberg från 'Kuoleman eskadroona' [15](ett fint namn eller vad).

Bläcket tog slut i pennan!

---

[14] alokas = rekryt

[15] Kuoleman eskadroona = Döds skvadronen

Thor-Ulf (Torre)	Modern Elin	Fadern Anton
Thorborg (Poggo, Thor).	Inga-Lill (Kinkku, Cebor)	Birgit (Nunnu)

3. FAMILJEN WESTERBERG

Midsommarfirande i häststallet.
Lappeenranta 3.7.1939

Bästa syster (och andra fam.medl.)!

Trevligt att ett brev äntligen förirrade sig hit, sent men dock omsider. En dag fick jag visserligen 3 brev + 1 paket från Nurmijärvi med "siviilijynssyä"[16] (d.v.s. pumpernicklar, karameller och tobak m.m.), men annars har jag stått i kön bland brevväntande rekryter, men alltid förgäves. Här finnes en nygift rekryt, vars fru skriver varannan dag oberoende om han skriver svar eller inte.

Du berättar om eder midsommar där borta. Min midsommar firades i häststallet. Jag och sju andra hade kommenderats till stallet från kl. 6 på midsommarkvällen till kl. 6 följande dag. Alltså i ett sträck hela midsommaren bland hästar i ett luktande stall. Vi gick omkring och samlade "hästmunkar" och skötte om att hästarna hade det gott och bra. Det kändes nog litet sorgligt att se, när de andra rustade upp sig för att tillbringa sin midsommar på någon holme ute på Saimen med "kockobrasor"[17] och dans på danslavarna. Men det är bäst att inte alls fundera på saken och inte heller det andra, som man inte får vara med om. Idag t.ex. var det några unga ulanrekryter[18] i vårt stall, som fick hoppa kråka på stallgångarna med sadeln på ryggen för att de inte placerat sadeln rätt på sin plats.

Senaste söndag stod jag på vakt vid kasernens huvudport följande tider: på lördag kväll kl. 20 - 22, på söndagen kl. 2 - 4 och kl. 8 -10 och kl. 14 - 16. På natten var det skojigt, för solen gick just upp bakom en gammal rysk kyrka, och i kyrkans bakgrund glittrade

---

[16] Civila godsaker

[17] Midsommarbrasa

[18] ulan = en lätt rustad ryttare med lans

Saimens blåa böljor. Gökarna golo och tupparna i stadens hönsgårdar desslikes.

Vår skvadron har farit på läger med alla våra hästar, så vi rider med 3/U.R.R:s[19] krakar. Idag red jag på en bångstyrig en, som inte kunde gå lugnt och samlat. När man hoppade i sadeln vänligen, brydde den sig inte om att gå rakt fram, utan gick ibland med sidan förut. I trav skulle den med våld galoppera.

En kväll var jag ute i staden och besökte en danslave, samma som en gång tidigare. Där slog jag mig i slang med en flicka, som gick i finsk samskola i Viborg. Hon blev mycket uppretad, när hon märkte att jag var svensktalande. Men det oaktat följde jag hem henne med v. Knorring, den nye svenska rekryten i vår skvadron. Han uppvaktade vänligen en skolkamrat till den jag följde.

———— ————

Jag fortsätter nu följande kväll, ty vi blevo plötsligen kommenderade att städa hela kasernen. Idag har vi haft det svettigt mer än vanligt, förty vi hade bastu. Dessförinnan hade vi hinderritt med hästar från 4/U.R.R. Jag hade en som hette "Niku" och stallvakten i 4-ans stall sade åt mig, att jag inte skall taga livet av mig med den hästen, för han ansåg den vara 'hullu'[20]. Det visade sig att den var omöjlig att hålla i styr, i synnerhet i galopp s.k. 'harjoituslaukkaa'[21]. Den skulle med våld förbi de andra hästarna. Ett tag lät jag den gå för fullt och då var den nöjd, så den körde förbi en halv ring av gossarna. Visserligen fick jag skällor av Standertskjöld för att jag inte hölls på min plats.

---

[19] U.R.R => Nylands dragonregemente

[20] Galen

[21] Övningsgalopp

När vi hoppade i hindren, så sprang hästen alldeles för fort för en nybörjare som mig, så det var svårt att hållas i sadeln. Ett tag lossnade stigbyglarna från fötterna och jag höll på att trilla av, men lyckligtvis var det sista hindret, för ett hinder till skulle jag aldrig ha klarat med fötterna lösa från stigbyglarna. Annars fanns i detta stall säregna hästar, bl.a. "Anneli", ett litet vackert sto, som man inte fick peta på rumpan för då sparkade hon och skrek, obs! skrek och inte gnäggade. En annan häst, "Ytti", svarade alltid med högljutt gnäggande och frustande på frågan "Onko Ytti kipeä?"[22].

När vi hade vila efter hinderritten uppträdde en lat och sömning häst solo. Den började lättjefullt röra på sig om ryttaren kommenderade "Osasto maaarrs"[23] och stannade genast på "Osasto seeeis"[24] och lunkade sakta iväg på kommandot 'harjoitusravia'[25]. Ryttaren själv höll inte alls i tömmarna.

Skavsår är inte alls ovanligt nu i sommarvärmen. Även jag har fått ett dylikt, som jag fått behandlat på sjukstugan. När jag var där, fick jag mikroskopiskt undersöka en sergeants faeces om där fanns binnikemaskägg. Jag upptäckte inga dylika. En annan gång blottade en annan fiskal sin gluteal-region och lät mig känna på en knöl, som befann sig obehagligt nära rectums mynning. Jag konstaterade att den kunde vara orsaken till att han hade smärtor i benet. Tryck på Nervus ischiadicus.

---

[22] "Är Ytti sjuk?

[23] Egentligen "Osasto mars" - marschera-kommando

[24] Egentligen "Osasto seis" - stanna-kommando

[25] Övningstrav

Här går åt mycket pengar för jag har fått ovanan att dricka mjölk +
'nisupulla'[26] på 'sotilaspesä'[27]. Just nu när jag skriver, har jag en
dylik portion framför mig. Brevet skriver jag på soldathemmet.

Ja, som sagt, penningarna taga snart slut. Jag har endast 15:- mark
kvar av min lön, och om du kan meddela familjens överhuvud om
min belägenhet, så har han kanske medlidande med mig och kan
arrangera en summa, som sedan per rek. kan anlända hit. Kom ihåg
att berätta för modren min adress, ty hennes brev kom alldeles
försenat. Moster Sigrid skickade .... (se för övrigt i brevets början).

Tiden går snabbt här borta. Det är nämligen ett springande och
körande i ett, ända till kvällen. Jag är ganska van med det redan, så
det går bra. Jag har lärt mig att "vonka", d.v.s. att undvika så mycket
arbete som möjligt. Alla tävlar med varandra i detta utom några
'sotahulluja ulaaneja'[28].

För övrigt går allt bra och jag hoppas att ni alla skriver flitigt, fastän
jag har svårt att hinna med att svara. Stilistiskt blir det nog svagt, för
här har jag minsann ingen övning, varken i svensk eller i finsk
språkbehandling.

Hoppas du framför mina hälsningar till alla bekanta och tacksägelser
till Brita och Brita, som till midsommaren sände mig ett kort. Hälsa
förresten den lilla damen i Naima Strömstens trädgårdstäppa och
fröken Ward m.m.

Från Thor-Ulf

PS. Försök ordna penningmedel på något sätt
Skriv och be de andra följa exemplet. DS.

---

[26] Kaffebröd, rund bulle

[27] Soldathem

[28] Krigstokiga ulaner

Att tämja en ilsken häst.
Lappeenranta 30.7.1939

Syster!!

Du har väntat och lidit, och mer än nog! Men dock icke förgäves. Jag krabar för tillfället från maten, ty det är söndag och då får vi så dålig mat, så det lönar sig ej att gå och äta. Därför hinner jag skriva.

Jag har haft ovanligt bråttom hela tiden, så jag har inte hunnit med någon korrespondens. Nu har jag endast en halv timme kvar innan jag skall till stallet igen för 6:e gången som stallvakt. Det går lättare nu med stalltjänsten, när man lärt sig, att varannan gång hästen producerar en sats munkar, skall dessa gömmas omsorgsfullt i halmen. Dessutom finns det en massa andra knep, som underlättar ens arbete i stallet. Det värsta är att kunna hålla sig vaken under nätterna.

Jag har roat mig med att bli bekant med stallets ilsknaste häst ,"Enna", till vilkens meriter kan nämnas att den avlivat 2 dragoner med välriktade sparkar och skickligt begagnande av munverktygen. Ovanför Ennas spilta hänger en tavla på vilken läses: "Varokaa, potkii ja puree"[29]. Genom att jag dagligen har matat den med bröd och klappat om den, har jag fått den så vänlig mot mig, att den slickar min hand och sträcker fram foten som tack, när den fått sin brödbit. Och min röst känner den igen på långt håll.

På tal om hästar så finns här i stallet en häst "Narva", som genast om man ropar "Mitäs ne ykköset siellä vankaa"[30], stiger upp på

---

[29] "Varning, sparkar och biter"

[30] Ungefär: "Vad håller ettorna på med"

bakbenen i sin spilta med framfötterna i krubban och tittar ut genom fönstergluggen på 'ykköseskadroonas"[31] stall.

Förresten kan jag berätta, att jag fått en ny häst, som heter "Ville", som anses som en god hinderlöpnings- och sabelhuggnings-häst. Dock rusar den för hårt i galopp så den lätt staplar omkull. Men man får hoppas att man reder sig med hästen. Jag har 30 dagar kvar att rida den. Sedan får jag en ny häst igen i A.U.K.[32]

För att övergå till något annat, så kan jag hälsa från Brita Holmström, som skrivit en liten epistel till mig. Dessutom från rekryt Malm, som kommit som skrivare, emedan hans krigiska anlag inte kunnat väckas. Så att R.U.K[33] har inte äran att få honom som elev, ej ens A.U.K. 'Kokelas'[34] Saurén åter berättade just, att han i höst skall börja med medicofilen. Vi har resonerat hur han skall bedriva sina studier för att ha framgång. Malm är i samma skvadron som Sauréns Lauri och Lauri tål honom inte alls.

Egentligen borde ni försöka få hit skickade några papper, så jag skulle få en vecka ledigt i slutet av augusti. Exempelvis moster Sigrid skulle kunna fordra större säkerhet på mitt lån eller dylikt. Försök resonera med familjen om bara de skulle få någon giltig orsak för min ledighet, så skulle det gå bra. Annars slipper jag hem först i jul eller om nyår.

Jag minns inte riktigt precis vad det var för bekymmer de hade med Ernst, förty brevet är i skåpet och jag ids inte draga fram det för att se efter. Men knappast var det något viktigt. Jag har själv inga bekymmer av denna art, emedan min tid är så knapp för sådant.

---

[31] Första skvadronen

[32] Underofficer skola

[33] Reservofficersskola

[34] Aspirant

Hälsa nu Nunnu, Inga-Lill m.m. och på familjen om den har kommit från Porkala. Jag måste sluta nu för stallet väntar med sina spillningsskyfflar och havremått. Skriv snart igen! Jag skall skriva när igen jag har tid.

Thor-Ulf

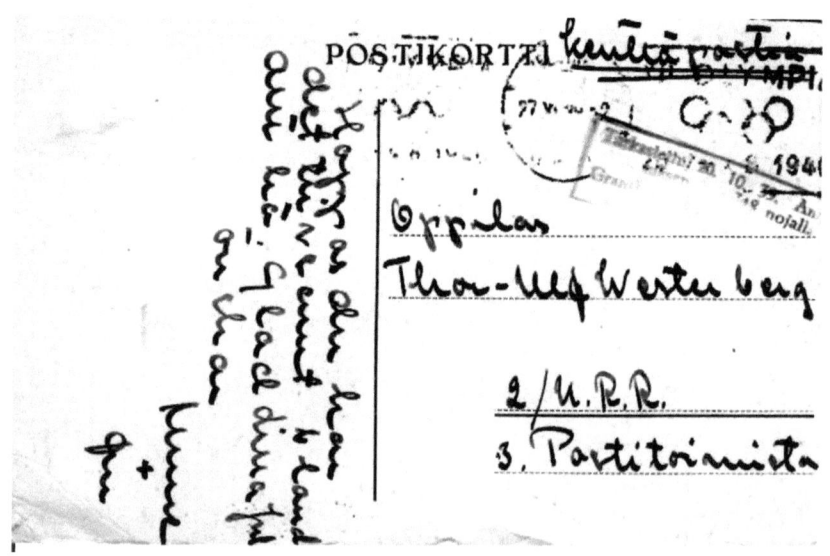

4. LILLA JUL 1939. HÄLSNING TILL THOR-ULF

Hästvälvning och dans med filmstjärna vid Saimen.
Lappeenranta 12.8.1939

Syster!!

Tack för din kortfattade rapport från K.5 samt de övriga
meddelanden du i förbifarten låtit glida ner på pappret. Jag skriver
genast svar emedan jag håller på med att fördriva tiden. Vi har
högvakt nämligen idag och jag har 3:e vakten vid stadsporten, och
har nu 3 timmar att vänta innan jag med påskruvad bajonett ställer
mig vid huvudingången till vårt kasernområde.

Du undrar om jag längtar bort härifrån. Jag måste säga att jag inte
direkt vantrivs här, och förresten så ser det mörkt ut om jag alls kan
få permission för julen. Egentligen så är det detsamma, för tiden går
så fort att man inte ens märker, att sommaren håller på att taga slut.
Och i skolan (d.v.s. underofficers utbildningen), som börjar om 20
dagar går det dubbelt så fort. Det enda som bekymrar mig är
ekonomin.

Kan du fatta att jag blivit ivrig att vistas i vattnet. Varje dag dyker jag
ned i Saimen och simmar sedan 50 meter, d.v.s. en bana på 25 meter
fram och tillbaka. Jag dyker nu ungefär 6 meter. Min iver att dyka
har föranlett löjtnant Standertskjöld att påpeka, att jag inte skall
glömma att öva mig att simma. Men jag måste säga, att jag aldrig
skulle ha lärt mig att simma, om jag inte började med dykning. Jag
har lärt mig snabbast av alla 20 st simokunniga att simma[35].

En annan idrottsgren som är trevlig, är s.k. 'vikellys'[36] på häst.
Hästen springer i cirkel och man gör gymnastikövningar på

---

[35] Thor-Ulf var en ganska typisk skärgårdsbo, som tyckte att simkunnighet inte var
det viktigaste här i livet, eftersom vattnet utanför Porkala var kallt och han som alla
skärgårdsbor hade tillgång till båt .

[36] hästvälvning

hästryggen, hoppar, saxar och dylikt. När hästen springer i trav så skall man springa bredvid hästen och hålla i sadeln och med ens hoppa jämfota upp i sadeln. Så hoppar man ned från sadeln och kommer jämfota ned och sedan hoppar man genast tillbaka över hästryggen och ned på andra sidan. Det går ganska bra redan. Sedan har vi ridit så att vi stått i sadeln. Det enda som jag inte tycker om är 'harjoitusravia'[37] och 'harjoituslaukkaa'[38] för det far så illa med ens glutealregioner. Jag har ett långt sår på innanlåret, som kalsongsömmen skadat upp under en galoppritt utan stigbyglar.

Jag har varit ute i staden ett par gånger. En gång var jag på biografen med en nuppa, som jag fick tag på en kväll på en danslave här utanför staden. När jag sedan hade följt henne, hittade jag inte hem, emedan staden är så full av gränder och små gator, som går kors och tvärs. Jag märkte till sist, att jag vandrat iväg mot järnvägsstationen, varpå jag frågade av en vandrande gentleman varthän jag skulle vända mina steg för att nå kasernen. Han hånlog (dragonerna äro illa omtyckta av stadens manliga kön, emedan de vanligen har förhandsrätt till stadens unga damer) och visade med en överlägsen attityd vägen åt mig. Jag försenade mig dock inte.

På casinot har jag dansat en gång och bl.a. tvinnat ihop med Tuulikki Paananens späda kropp i dansens virvlar. Hon filmar här nämligen in filmen *"När dragonerna komma"*.

5. Tuulikki Paananen

---

[37] övningstrav

[38] övningsgalopp

En dag hade vi terränglöpningstävling och de som inte deltog voro åskådare. Samtidigt infilmades en kysscen med Tuulikki P. som älskarinna. De höll på att pussas ungefär i 1 timmes tid. Samma scen om och om igen. Vi tittade inte alls på tävlingen, utan följde med stort intresse huru verkliga fackmän på det erotiska området utförde denna känsloakt. Mellan varje inspelning, måste hjältens muntrakter rengöras från smink och dylikt.

Jaså, Lipidus har magrat så att benranglet skramlar när hon rör sig på gatorna. Jag fetmar trots simning och dålig föda. Dock fördelar sig fettet jämnt över kroppen så att jag inte alls är så bredbröstad som du tror. En gång var jag på 'Lottaruokala'[39], och förtärde en härlig söndagsmiddag för 12:- med smörgåsbord och grönsaker. Det smakade lite "siviilielämä"[40] det.

Du frågar om jag längtar till staden och Britorna och Margret. Det är nog ganska likgiltigt för mig om jag skulle få permission, men berätta det inte hemma för fadern och modern. Visserligen kan damerna Brita 1 och Brita 2 och Margret vara trevliga, men inte lockar de dess vidare. Här finns gott om trivsamma flickor i Lappeenranta. Jag fick ett brev av Brita 2. Det var mycket välkommet och jag skrev t.o.m. ett svar, men hon berättade att hon hade en så vidlyftig korrespondens, varför jag knappast har hopp om att få svar. Hon var trivsamt hopsig, Brita № 2.

Ber om ursäkt, men nu måste jag på vakt och först vid midnatt får jag komma tillbaka. Jag fortsätter på morgonen med denna skrift.

14 augusti 1939.
Jag orkade inte mera på söndagen, för det är påkostande att stå på vakt i solgasset, då man knappt får röra på sig och svetten rinner från

---

[39] Matställe med detta namn.

[40] Civilt liv

en som från en "dränkter katta". Jag fick just brev från "Kinkku"[41], kort menar jag. Hon menar att jag skall skriva snart, men jag har inte pengar att köpa frimärken för, så jag måste vänta. Dessutom vet jag inte säkert om adressen är Fabiansgatan 30A. Har skrivit hem på den adressen, men har inte fått svar. Före det skrev jag till Porkala, men det tycks heller inte ha kommit fram. Vad det beror på, vet jag inte. Det börjar redan bli för sent att få några intyg för att få 'loma'[42] så vi ses antagligen först i jul och då är jag undersergeant redan, med 2 söta band på axeln.

Det skulle vara trevligt om ni skulle ihågkomma eder broder på hans födelsedag i denna vecka med att låta höra av er. När du skriver nästa gång så berätta vilket telefonnummer vi hade. Numret har jag glömt. Man kan nämligen ringa härifrån om man betalar 6:- mk.

Hälsa damerna, som kom ihåg min ringa existens, samt alla andra, som inte kommit ihåg den. Hälsa och tacka Nunnu för det brev hon skickat. Om ni vill sända mig något, så går det nog via järnvägen under samma adress.

Jag slutar nu för tiden är ringa.

Thor-Ulf

P.S. Vi sköt idag 11:e militärgevärsskjutningen med gasmasken på, från 150 meter. Jag klarade just och just fordringarna för elitmärket. Nio gånger träffade jag "gubben" i huvudet av 12 skott. Så att tillsvidare har jag möjlighet att få märket (ett silvermärke) D.S.

---

[41] Systern Inga-Lill.

[42] permission

Von Knorrings pekfinger
Karelen 9.10.1939

Fromtäisning!
Favén

Thor[43]!!!

Jag måste kanske besvara det senaste. Annars blir det väl stagnation i vår korrespondens. Det har nämligen på tre dagar inte visat sig några brev till mig, vilket gjort att v.knorring överlägset har kastat sig till ledningen i vår 'kämppä'[44]. Vi tävlar om vem som fått de flesta 'rintama-breven'[45]. För tre dagar sedan ledde jag med 20 brev mot Knorrings 17. Nu har han på tre dagar fått fyra brev, så han leder nu med ett brev. Favén ligger hotande nära med 19 brev. Likaså Honkavaara. Det betyder, att vi får börja passa upp Knorring med att springa efter te åt honom på morgonen. Tragiskt! Eller vad?

v.Kn. fick just paket av sitt hjärtas utvalda innehållande vantar med finger för pekfingret. Med pekfingret trycker man nämligen på hanen så att vapnet avfyras. Därför är det bra att ha pekfingret fritt och rörligt. Är det inte en omtänksam fästmö, som tänker på v.Kn.:s pekfinger.

Idag har det varit regnigt och landsvägarna har förvandlats till lervälling. Det är bättre att röra sig i dikena om man skall framåt längs vägarna.Och hästarna sjunker ner till knäna i gyttjan. Min "Mikko" har ändå så breda hovar, att han inte besväras av det. Dock är han i detta nu den fetaste av skvadronens hästar, och friskaste

---

[43] Thorborg

[44] lya, krypin, bostad

[45] frontbrev

också. Han har inte ett endaste skavsår på benen. Det beror på att jag sadlar så omsorgsfullt, att sadeln inte skavar. En avigsida har det dock att sadla så omsorgsfullt. Jag har fått anmärkning för att jag sölar i min sadling, i synnerhet när jag dessutom har två andra hästar att sadla, förty mitt ämbete är s.k. 'käsihevosenpitäjä'[46].

Idag skulle jag gå i bastun för att motarbeta nedsmittning av löss i mina kläder. Det förekommer hos en del av oss redan. Här finns dessutom "kackerlackor" i en del byggnader. För några nätter sedan var här ett liv i våra grannars kämppä, när det upptäcktes att de hade klädlus. Hela natten kämpade de mot en överlägsen fiende tills de trodde sig ha besegrat den. Men kampen blev till ett nederlag, för följande natt var det ny drabbning. Fiendens skaror har dock redan glesnat, då de våra uppfunnit den revolutionerande kampmetoden att välja som slagfält en bastulave med då och då återkommande gasanfall av het vattenånga. Våra stridsövningar har således hittills enbart gällt att få bukt på lössen.

Syster, jag har köpt en 'puukko'[47] alldenstund jag hört att puukko är ett känsligt vapen i synnerhet i närkamp. Man tager först fienden i håret, varpå man svänger huvudet så att halsen med strupen skjutes framåt. Därpå gör man ett kirurgiskt ingrepp. Man frampreparerar 'Arteria carotis externa'[48] och med berått mod avskär man densamma. När operationen är slutförd, övergår man till ett annat offer.

Dock har jag hört att närkamp är sällsynt i moderna krig. Soldaterna ligger nedgrävda i jorden på 30 - 40 km:s avstånd från fienden, vilka likaså gräftat ned sig. Där ligger de med andan i halsgropen och med av exkrementer nedsmutsade underkläder, väntande på fiendens

---

[46] handhästhållare

[47] kniv

[48] halspulsåder

anfall. Men det låter vänta på sig, ty det aktiva kriget förs numera i radion och vid konferensborden, där de stridande parternas ledande män munhuggs och skäller på varandra. Om kvällarna festa och dricka de du-skål med fienden och tittar på deras parader. Och så fortgår det i månader, kanske i år.

Favén har just kommit från bastun och med förvåning betraktar han sina kalsonger, vilka en gång för länge sedan varit vita. De rena kalsonger han drar på sig tycks ha krympt så de gå endast halvvägs upp. Kanske han får klippa upp dem för de kommer ändå att spricka, när han rider. För övrigt ber han hälsa och dementerar på det livligaste att han är sparsam, men medger att han är trivsam trots det. Dessutom anser han att du på något sätt är intressant. Jag har nämligen uppläst högt några satser ur dina brev. Knorring ber likaså hälsa, ty han anser antagligen att det hör till saken, då du en gång ihågkommit honom.

Honkanen befattar sig inte med dig, emedan du ännu inte fått någon uppfattning om hans personlighet. Han är i det civila något i stil med Putte Granberg och känner honom till utseendet. Favén blev förresten djupt kränkt av din senaste hälsning. Han är nämligen korpral och inte 'oppilas'[49] som du tilltalade honom. Jag hoppas du med det snaraste ber honom om ursäkt genom ditt nästa brev.

Pappret tycks så småningom taga slut, vilket jag väntat på, för jag orkar inte i längden skriva så mycket "mossa", då jag inte får skriva om vårt arbete o. dyl. Jag hoppas du även låter de andra medlemmarna av familjen få del av mitt skräpprat. Så long, syster!

Thor-Ulf

---

[49] elev, aspirant

6. MEDICINE KANDIDATER AV DEN 4 APRIL 1939. ÖVRE RADEN FRÅN VÄNSTER AATOS PIHLAMAA, THOR-ULF WESTERBERG, TEUVO PIETILÄ OCH B.J.PATRICK SOURANDER. NEDAN FRÅN VÄNSTER JOHANNES ANTTINEN, MARJATTA MELKAS, PAAVO ANTTINEN OCH ÅKE SMEDBERG.

Hopp om fred.
Näset 9.10.1939

Fader!!!

Skrev för 2 timmar sedan ett brev till Thorborg. Sedan dess har jag vistats i en bastu och tvättat mig ren ordentligt. Jag måste säga, att jag aldrig njutit av bastu så mycket som den här gången, fastän bastun var så liten, att bara tre åt gången rymdes i den. Det friskade riktigt upp en så man orkar skriva brev igen. Efter badet fick vi bastukaffe i husbondens (bastuns ägare) stuga, och det smakade bra och riktigt som om man inte skulle ha varit i militären.

Ja, jag måste tacka för Liisa Vallinkoskis 50:- och i synnerhet för räntan. Den hade kommit för ca en vecka sedan. Jag skrev ju förresten om det till Inga-Lill, så hon har väl berättat.

Posten har börjat gå snabbare hit, i synnerhet om man under 2/U.R.R på adressen skriver 'Postinkonttori № 3'. Då får man brevet efter en eller två dagar. Knorring o. Favén fick idag sina, som var skickade från H:fors i går.

Annars går livet här i de gamla gängorna. Om man nu kan tala om gamla gängor, när vi har varit lite över en månad här. Varje dag är det samma arbete utom var 6:e dag, då man är i stallvakt dygnet runt. I morgon har vi dock gevärsvakt vid vår 'esikunta'[50], så vi kommer att befrias från nästa stallvakt, som skulle ha blivit nu på söndagen.

Jag berättade för Inga-Lill, att vi kanske i nästa vecka slipper till Villmanstrand, d.v.s. de som skall till R.U.K[51] i januari. Det skulle vara synnerligen skönt. Då skulle man inte behöva rida tillbaka i regnet och slasket, utan man skulle få rulla iväg med tåg via Viborg.

---

[50] esikunta = högkvarter

[51] Reservi Upseeri Koulu = Reserv Officers Skola

Men den möjligheten finns, att vi får fortsätta A.U.K.[52] här också, men det är att hoppas att det inte går så till.

Annars tycker jag, att det ser någorlunda lovande ut i Moskva. Men det kan vara lugnet före stormen. Finland kommer kanske att ge några öar i Finska viken och en liten fil av Karelska näset om lyckan är god, och ryssen nöjer sig med det. I annat fall tror jag inte Finland kommer att gå med på något slags överenskommelse med vår granne.

Ryssgumman här under oss har skaffat sig en ny fin radio. Hon är numera frisk igen. Radion spelar varje kväll dansmusik och det hörs bra genom taket, så man kan om kvällarna inbilla sig, att man är i civiliserade trakter. T.o.m. nyheterna på finska kan man höra genom taket. Vår 'res.ups.kokelas'[53] Handroos (svensk förresten) sköter om radiomaskineriet, förty han bor tillsammans med ryssgumman, d.v.s. i samma våning. Handroos kom in i militären senaste höst och gick genom R.U.K. i somras. Hans föräldrar härstammar från Fiskars, en gammal sjömanssläkt.

Jag börjar så småningom komma in i jordbruks- och skogsarbete, så det skulle vara riktigt roligt att få rödja och gräva på Skrakatallen[54] sedan när man slipper civil. Det blir ju en par tre veckor innan klinikerna börjar, som man får vila sig efter "kriget". Det är sedan bara sex hela veckor kvar till julen. Intressant blir det att se, om man alls har utsikter att komma hem på en tripp. Annars blir det först under Fredrikshamnstiden i vår. Då kan man arrangera det så, att man en gång i månaden ungefär kommer till H:fors.

---

[52] Ali Upseeri Koulu = Under Officer Skola

[53] reservi upseeri kokelas = reserv officers aspirant

[54] Familjens fritidsfastighet

Tiden gick snabbt i Lappeenranta[55], men här märker man inte alls vart dagarna taga vägen. Så fort har de här fem veckorna gått, och efter precis fyra veckor är hälften av min militärtid undanstökad efter 220 dagar i kronans kläder.

Har jag berättat, att vi fått "löneförhöjning" till 5:- om dagen. Nästa onsdag får vi igen 75:- så det är ju nog fördelaktigt med litet mobilisation.

Jaså, modern fruktar ännu bombanfall på H:fors och vågar sig inte dit ännu. Kanske det är bra att vara försiktig. Annars tror jag att de evakuerade börjat tröttna på evakueringen och har börjat söka sig tillbaka till staden.

Det är lite enformiga saker man måste skriva om, för annars går censuren och klottar ned brevet. Därför blir varje brev som soppa på en spik. När man får "loma" så finns det en hel del saftiga historier att berätta härifrån.

Adjö då igen och sköt om sig!

Thor-Ulf

Adressen är:

> Oppilas[56] T-U W:bg. Kenttäposti[57].
> 2/U.R.R.[58].
> Postikonttori №3.

om brevet skall komma snabbt. Annars tar det för brevet 7-10 dagar. Med denna adress blir det 2-3 dagar.

---

[55] Lappeenranta = Villmanstrand

[56] oppilas = elev, aspirant

[57] Kenttäposti = Fältpost

[58] U.R.R (Uudenman Rakuuna Rykmentti) = Nylands Dragon Regemente

7. GRANKULLA SAMSKOLA – 1930-TALET. INRINGADE ÄR THOR-ULF
TILLVÄNSTER OCH LARS GRIPENBERG TILL HÖGER

I väntan på kriget.
Fronten 12.10.1939

(Inte hade man kunnat gissa, att man skulle få börja ett brev på detta sätt. Vi får inte skriva platsens namn var vi finns).

Bästa familj!!!

Idag börjar fältposten fungera, så jag skriver ett brev nu för att se huru det går med detta. De tidigare har kanske inte kommit fram, då det är strängt förbjudet att skriva var vi finns, och det visste jag inte då. Möjligen har censuren knyckt breven. Ni kan skicka brev på adressen

> Oppilas T-U. Westerberg
> Kenttäposti
> 2/U.R.R.

Det verkar ju ganska krigiskt, inte sant? Här grävs försvarslinjer och byggs och grejas och allmänna meningen är, att här släpps ingen ryssdjävul över näset, och moskovitens flygmaskiner kommer att skjutas ner, om de söker sig över gränsen.

Ni har kanske flyttat till Kyrkslätt eller Nurmijärvi liksom så många gjort i H:fors. Viborg håller också på att evakueras. Det har ju lovats hjälp åt Finland, om det verkligen blir krig, bl.a. från Sverige, Norge och U.S.A. Dock tror jag inte att det har någon betydelse. Det lovas ju och lovas nuförtiden, men hålls aldrig.

Det är nu snart en vecka som gått och man har hela tiden, natt och dag, haft sin utrustning på sig, så det skulle kännas skönt, att en gång få krypa i en ordentlig säng mellan två sköna lakan. Men det får man nog vänta på ännu så länge. Bara det först skulle bli fred mellan Tyskland och Västmakterna, så skulle säkert ryssen också lugna sig och då kommer jag hem.

Annars tycker jag, att det är underligt att jag inte har blivit sjuk, fast det emellanåt är så infernaliskt kallt när man rider, och också här på ryssinnans vind, där det drar och är fuktigt. Tvärtom känner jag mig mycket piggare och kryare och har bättre aptit än i det civila. Huru är det annars med hälsan där hemma? Skriv och berätta.

Rummet här på vinden, som vi lagt beslag på, Knorring och jag, bebos nu ytterligare av Favén, som är brorson till målaren Antti Favén. Det är en trivsam svensk yngling, så vi är alla tre svenskar i samma 'kämppä'[59]. Nu just är de båda ute och gräver gropar och löpgravar och fäller träd. Jag är 'tupavahti'[60]+ 'tallivahti'[61] - verkligen ganska komiskt.

Det är söndag idag, men vi arbetade trots detta med vårt befästande. Det har regnat och är ruskigt, så jag går väl efter detta brevskrivande till grannen och dricker en 'kuppi kuumaa'[62]. Halsen har varit lite sjuk i går och i dag, men det är väl övergående. Beror kanske på att man får tvätta sig i en isvak i ett träsk här invid.

Det enda nöje vi har här på vinden hos ryssänkan, är en klocka som inte går, men i stället spelar en enkel kort melodi så länge fjädern räcker till. I går fick jag spenvarm komjölk för 1:50 litern av ryssinnan. Mjölk som jag inte smakat på åtta dagar.

Skägget har jag låtit växa och det är redan så långt, att man inte skönjer huden under detsamma. Jag skall låta fotografera mig sedan, när det är riktigt långt och då skickar jag kortet.

Knorring berättade, att hans familj flyttat från H:fors till Tavastehus för säkerhets skull och att butikerna stängts. Kanske ni också har

---

[59] kämppä = lya, krypin

[60] tupavahti =stugvakt

[61] tallivahti = stallvakt

[62] kuppi kuumaa = kopp hett

flyttat och brevet därför inte kommer fram. Skriv för var gång ni gör någonting oväntat, så att man vet precis hur det går till därborta.

Kanske man i onödan är orolig, men det här är nog en sådan helvetisk inrättning, när man inte ens får läsa en ordentlig tidning. Man får gissa sig till alltsammans och om man är begåvad med litet fantasi, så målar man alla möjliga och omöjliga tavlor för sig. Att Thorborg inte skriver beror kanske på att hon i stundens allvar tagit sitt förnuft till fånga och inte är mera i stånd till att skriva en naturvidrig epistel till sin broder. Tråkigt med hennes fötter nu, då hon kanske kommer att behöva både händer och fötter om det brakar löst.

Jag måste sluta och tacka då igen för de 100:- marken, som hittade hit till ödemarken och tacka Nunnu för brevet. Skriv nu fort igen. Om ni inte fick förra brevet så är min adress:

Oppilas T-U. W-b.g
Kenttäposti
2/U.R.R.

Hjärtliga hälsningar

Thor-Ulf

8. HÄSTAR SKYDDADE I PROVISORISKT STALL UNDER ÖVNINGARNA
HÖSTEN 1939

Enformiga dagar.
Fronten 15.10.1939

Käraste föräldrar och syskon.

Kriget låter vänta på sig, fastän vi så småningom är beredda på att göra köttsoppa av ryssen så fort han sticker sin skäggiga nuna över gränsen. Åtminstone tror jag, att han inte slipper levande över Karelska näset. För det första verkar våra linjer så starka och för det andra är ju terrängen alldeles omöjlig för anfallskrig.

Dagarna blir enformiga här. Knappast någon civilbefolkning, bara några morska gamla gubbar, som säger att ryssen får släpa deras döda kroppar bort härifrån, men aldrig levande.

Så småningom börjar man hämta sig från tröttheten efter marschen hit. Kanske ni märkte av mina tidigare brev, att man var åtskilligt trött i skrivandets stund. Nu hugger vi träd om dagarna och rödjar skyttelinjer, gräver och timrar, och om nätterna får man vara en timme i stallvakt med full gevärsutrustning och med laddade patroner. Hästarna står och huttrar i mörka granskogen. Bara en filt ha vi kastat över ryggen på dem.

Oron för kriget har blivit mindre här bland dragonerna. Här finns krigstokiga, som vill göra stuvning av rysskött, och sådana som ängslas för kriget, och fataliteter som tycker att det kan gå huru som helst, för värre än de nu har det, tycker de att de inte kan få. Visserligen fryser man och visst känns det underligt, men nog är jag ändå så optimistisk, att jag tror att man om 3 á 4 veckor är tillbaka i 'L-ranta'[63] och då kommer jag att gå till restaurant 'Yhtymä'[64] och äta en middag med smörgåsbord. Här äter vi turvist ärtsoppa och

---

[63] Villmanstrand

[64] Yhtymä = förening, sammankomst

makaronisoppa och om kvällarna gröt, så det börjar bli långtråkigt (i synnerhet makaronin).

Idag hörde vi att Paasikivi återvänt från Moskva för att rådgöra här i Finland ännu och att han far tillbaka redan. Ryssland lär inte ha alltför stora fordringar. Folket här från gränsen har funnit marken bränna under fötterna och samlat ihop sitt bohag och färdat iväg till lugnare delar av landet. Boskapen har till stor del blivit förd till Lappeenranta. I våra stall därborta härbärgeras nu över 1000 st kor och våra rekryter sköter om dem.

Det är så jag har det skönt och vankar här på tomma vinden. Visserligen är det solsken och vackert där ute, så jag går nog ganska snart ut. Det har varit kallt varje natt och på den lilla sjön här utanför glittrar en tunn isskorpa. Jag måste säga att Karelen är vackert och trevligt. Jag har aldrig sett en så omväxlande natur, med sjöar, kullar och dalar, sanddyner och kärr och moar. Man skulle tycka, att det vore omöjligt för en fiende att komma fram här. Så labyrintartat är allt. I byn finns inga unga karlar, endast gamla gubbar. Alla äro mobiliserade. Under hela veckan har jag inte sett annat än arméns lastbilar och fiskalernas fordon.

Jag har funderat på att gå och tala med skvadronchefen om jag kunde få kommendering till något Röda kors eller som t.ex. sjukvårdare i vår egen skvadron. Kanske det skulle lyckas, så skulle man åtminstone få trevligare arbete och inte behöva sköta hästen. Det är nämligen mycket besvärligt, för djuret man ansvarar för skall hållas friskt och må bra. Dessutom hör det fasen till att sadla och rykta den. Det är otur att man inte blaskat sig så mycket att man skulle verka omöjlig som vanlig krigare.

Man lär kunna skicka rek. brev på samma adress, så att om ni kan få ihop litet pengar så att man kunde köpa en kopp kaffe med bullar då och då här i bondstugorna, skulle jag vara "very" glad. Jag har nog ännu litet kvar av moster Sigrids och Miilis[65] 50:- lapp. Men om pengarna behövs hemma, skall jag försöka reda mig utan dem.

Skriv och berätta om er själva och ha flickorna att skriva. Det känns alldeles som om man skulle vara hemma, när man läser huru ni har det där. Och berätta rent ut huru det är, för inte är man mera orolig om man får veta. Nog ser man på civilbefolkningen här på Näset och visst hör man i radion och läser på tidningarna vad som försiggår. Och hälsa nu alla och berätta att jag är frisk och mår bra och önskar er alla detsamma.

Thor-Ulf

9. KEXHOLM 1937

---

[65] Sigrid och Miili (Emilia) Granberg var Thor-Ulfs mostrar

10. HÄSTAR I KAMOUFLERAT STALL 1939.10.01

Krigsstämning på Karelska näset.
Fronten 16.10.1939

Syster Thor!!!

Har för tillfället V.P. (det betyder, att jag är befriad från kroppsansträngning på grund av svag stegring och sjuk hals). Därför har jag drönat på ryssinnans vind och njutit av krigsstämningen omkring mig. Jag har rakat mitt par veckors gamla skägg för jag kände inte igen ansiktet, som stirrade mot mig, när jag i dag kastade mina blickar mot en spegelskärva. För att kunna känna igen mig själv, berövade jag mig skägget.

För övrigt är det lustigt, att du inte sänder mig några skriftliga alster av din egen hand, då du vet att en frontsoldats största nöje är att läsa brev. I synnerhet nu, när du skickar åt mig brev, behöver man inte betala ett penny för brevets framförande om du skriver:

Oppilas[66] Th.-U. W-berg
Kenttäposti[67]
2/U.R.R.[68]

Du kan skriva varje dag utan att bli fattigare för det. Meddela föräldrarna detta så kanske även de bli flitigare i sin brevskrivning. Det är ju roligt att de ändå skrivit någorlunda ofta.

Du lär ha det illa med foten. Det är inte roligt att få höra nu, när allvarliga tider stunda (bry dig inte om mina högtidliga fraser. Jag övar mig bara i att åstadkomma mäktiga meningar). Vi ska hoppas att du på ett eller annat sätt åter tillfrisknar.

---

[66] Aspirant

[67] Fältpost

[68] Uudenmaan Ratsu Rykmentti = Nylands Dragon Regemente

Kanske du redan fått höra av modern och fadern, att jag vistas i en obehaglig närhet av ryska gränsen och väntar och bidar, att "den röde" skall söka sig över till oss. För min del tror jag inte att han kommer, fastän man vet aldrig vad som kan hända i tider som dessa. Ingen visste ju ens att Håkan Wik skulle söka sig bort från denna värld. Det var ju en sorglig händelse för Stina, som ännu har vatten i sina lungor.

Jag har en liten trevlig lya tillsammans med Knorring och Favén (målaren Anttis brorson). Vi ha vanligt stearinljus som kvällsbelysning och sover fullt påklädda på golvet med gasmask-väskorna under våra huvuden. Är det inte början till krigsromantik? Kring halsen hänger dödsbrickorna, och 60 st patroner ha vi på oss, för att känna oss riktigt starka när vi sover. Jag måste säga att det på något vis verkar tragikomiskt allt detta. Huru verkar det därborta hos eder? Går sköterskorna omkring med patronbälten på magen och gasmask-väskor på höfterna.

Om man frånser att det är krigsstämning här på Karelska näset, så måste jag säga som jag tidigare sagt i breven till fadern och modern, att naturen och landskapen här äro bland det vackraste jag varit med om i Finland, om man frånser skärgården. Det är lustigt att man emellanåt kan få en längtan att komma hem till Nyländska skärgården, till Porkala, också nu på hösten. Det känns alldeles som en hel evighet sedan man var hemma, så det skulle vara rätt uppfriskande och välgörande att få sticka mig hem på ett kort besök. Men det är numera omöjligt. Enda utvägen vore nästan ledgångsreumatism, som skulle befria mig från detta elände. Dock blir detta en god lektion för mig. Man har lärt sig vad ens eget hem betyder för en, och mångt och mycket, vad man inte förr begripit sig på, har man fått klart för sig.

Jag tycker att du kunde skriva om de lustiga och underliga förändringar, som H:fors undergått sedan jag lämnade staden. Jag har hört underliga rykten om att befolkningen gripits av något slags panik på grund av krigsfaran. Det skulle vara skojigt att få veta något bestämt om det.

Jag slutar kanske då igen. Kommer antagligen att skriva massvist med brev härifrån för det skingrar bort ens tankar och man tycker att man resonerar med sina gamla bekanta.

Hälsningar

Thor-Ulf

Hälsa de andra damerna!

11. LOTTOR TILLREDER POTATISSOPPA. 1939.10.01

12. TRUPPFÖRFLYTTNING. OKTOBER 1939.

För vi krig eller inte?
Fronten 20.10.1939

Fader!!

Det är nu 2 veckor sedan jag lämnade L-ranta, och det har ännu inte klarnat för de mäktiga om vi för krig eller inte. I morgon reser Paasikivi igen till Moskva, så det kan ju hända att den osäkerhet, som svävat i luften tager slut under denna vecka.

Här går livet på samma enformiga sätt dag för dag. Hästarna har fått det bättre för de har blivit inkvarterade i övergivna fähus. Där må de bra bland herrelösa höns och katter. Jag har idag varit stallvakt i ett av dessa fähus. Där finns 2 hönor, som jag vaktat på, så man ska få färska hönsägg ikväll. En hund har blivit kvarlämnad, som skäller och ylar om natten. Den har tydligen ledsamt efter sin matte, som sökt sig bort hemifrån. Först tog hon livet av sina kor och på fähusvinden hänger deras färska hudar. Det är ganska sorgligt att tänka sig, att gumman för några veckor sedan levde ett idylliskt hemliv med sina husdjur.

Jag har börjat inrätta det rätt bekvämt åt mig här på ryssvinden. En gammal madrass har jag hittat, som inte innehåller några vägglöss eller "torakaner"[69]. En säck har jag fyllt med hö till dyna och manteln har jag som täcke. Det börjar likna någonting.

I en grannby har vi fått köpa rysslimpa, som betalas per kilo. Bagaren lär ha varit tsarens hovbagare under ryska tiden. Den limpan är mycket god, när man om morgnarna med teet äter ett par skivor.

Det har utvecklats en vitt omfattande tjuvnadsrörelse här bland oss dragoner. Det tages och bytes ut alla möjliga persedlar, som hör till utrustningen, bl.a. betsel, hästtäcken, hästborstar och vattningssäckar.

---

[69] 'torakka' = kackerlacka

För att inte bli utan, har jag blivit tvungen att tillgripa liknande metoder. Så här stjäls från varandra allt vad man finner. Stackars olyckliga som blir utan när det plötsligt alarmeras uppbrott.

Thor-Ulf

13. TUULIKKI PAANANEN VID FINLANDIA NYHETSBYRÅN.
OKTOBER 1939.

Snart börjar vi röra på oss?
Fronten 23.10.1939

Jag hann inte få det föregående brevet färdigt, så jag fortsätter nu när det är söndag och arbetet med hästarna är undan.

Tack för brevet som jag fick igår. Det var avsänt från H:fors den 17 oktober, alltså 3-4 dagar tycks det ta för breven att komma hit. Av modern har jag fått ett brev och likaså alla de tidigare, som skickats till Lappeenranta. Igår kom nämligen ett brev som Thorborg skrivit den 6:e oktober. De borde nog alla nu vara framme.

Det ser ut som jag inte har utsikt att få transport till sanitetssidan. Jag måste genomgå den militära utbildningen först i A.U.K. och R.U.K. och sedan först i nästa sommar, möjligen, får jag kommendering till sjukstugan. Dessutom är jag en bestämd kugge i vår skvadron med min speciella utrustning och mitt bestämda arbete, så det skulle vara svårt att ändra på det. Jag har talat med vår fältväbel[70] (eg. ratsuvääpeli), men han trodde inte det går att ordna. Om man ännu skulle gå till skvadronschefen, löjtnant Rönnqvist. Han kanske kan göra något. Om inte, så kan man försöka hålla ut bara. Nog tror jag man klarar sig,

Det tyder på att vi snart kommer att börja röra på oss. Vi utrustar oss för nya nattmarscher, så en vacker kväll är vi på väg mot okända mål igen. Möjligen tillbaka till Lappeenranta eller till något annat ställe, det vet man aldrig. Brevadressen är dock alltid densamma.

Det skulle vara skojigt att veta var alla andra gossar äro. Troligen är Cajus Gefwert här vid gränsen bakom någon tung kanonpjäs. Lasse Gripenberg har väl fått sluta sin R.U.K.-kurs och har också spänt sitt

---

[70] Fältväbel är en finsk och tidigare svensk militärgrad över översergeant och under ylivääpeli (överfältväbel). Fältväbel användes i Sverige fram till 1833 då denna befälsgrad ersattes med fanjunkare.

patronbälte kring magen. Gossarna Bernhard m.fl. har det säkert bra på sjukhusen.

Hoppas att det igen kommer något brev från eder där hemma. Alltid finns det väl någon som kan skriva. Hälsningar då bara igen från

Frontsoldaten
Thor-Ulf.

14. KARELSKA NÄSET. OKTOBER 1939.

Man liknar en diversehandel.
Karjalan rintama[71] 25.10.1939

Syster!!

Vilken vanvettig tidpunkt du valt för att tillsända mig paket (ursäkta brev - paketet är från modern). Klockan är nu 1 på natten och jag har blivit väckt på grund av att dessa brev just kommit med fältposten. Jag känner mig ännu duven och trög i hjärnan, trots att jag först trodde, att det var alarm och att vi skulle sadla våra riddjur för att fortsätta vår färd mot Moskva. För övrigt tackar jag för det nattliga brevet och för de underrättelser det innehåller.

Jag är åter frisk och kry som tillförne och saknar inte ännu någon ylletröja. Den skulle endast vara i vägen tillsvidare, ty man vet inte var man skall placera den på hästryggen, när man rider iväg. Man är ju själv så full av kläder och utrustning, så man liknar en diversehandel när alla grunkor är på en. Det vållar en t.o.m. vissa svårigheter, att i nattens mörker stiga till häst. Men vanan har gjort, att det går någorlunda behändigt ändå. Vi skall i morgon byta arbetsfält, så att vi varje dag kommer att rida 6-7 km mot gränsen först innan vi börjar arbeta.

Där finns en fabrik med 600 arbetare, så gossarna kommer att njuta av kvinnlig fägring. Här, var vi nu vistas och bo, är fattigt på kvinnlig fägring, förty de har flyttat inåt landet.

Jag berättade för fadern om tsarens hovslagare, som försett oss med rysslimpa. Han har också farit sin kos. Den rysktalande befolkningen har nämligen skickats bort. Gud vet varför, så nu blev vi med långnäsa och utan rysslimpa. Men i en liten lantbutik här i närheten står en rosig, ung liten flicka hos vilken vi börjat köpa sockerskorpor. Du vet sådana, som luktar och smakar Huldas butik i Porkala. Dessa

---

[71] Karelska fronten

58

äter vi sedan med smör till morgonteet. Detta är i huvuddrag de extra delikatesserna vi bestå oss med här borta.

Trevligt att höra att gossarna Bernhard, Patrick Maury, Antéll m.m. bevista klinikerna. Dock vore det roligt att göra dem sällskap. Om inte detta mitt karelska äventyr blir av farligare art, så är detta dock en trevlig avvikelse från det vardagliga livet. Och min A.U.K.[72]-tid går bra undan här på detta sätt med friskt arbete i skogen. Det är annat än excercisen på de torra, dammiga fälten i Lappeenranta.

Jag måste fylla ännu en sida fastän Favén rör sig mycket oroligt i sin hörna. Antagligen stör stearinljusets låga honom. Knorring fick också brev och han skriver. Den fjärde 'oppilas'/aspiranten Honkavaara är i 'tallivartio'[73], så honom bryr man sig inte om. Märk väl att jag är så sömning, att jag då och då ramlar över pappret.

Har jag berättat om min häst. Den heter "Hikko" och är av den gamla goda, sega, uthålliga stammen. Men den har lärt sig att fuska, så att den så fort den märker att det blir fråga om manövermarsch eller som i detta fall en verklig marsch, så låtsas den halta för att bliva befriad från tjänsten och avlämnad på sjukhuset. Men djuret genomskådades och jag fick det.

Och ett utmärkt djur var det och klarade de 170 kilometrarna med glans, vilket man icke kan säga om de civila hästar och olympiska rashästar, som kommit med oss. Bl.a. åto vi igår köttsoppa tillrett på olympisk häst, som stupat av överansträngning under marschen. De feta och frodiga civilhästarna lär också ha lidit av resan. "Hikko" är som förut och tigger "vanikka" (knäckebröd) på ett mycket intimt sätt så fort man närmar sig hans huvud. Med mulen bearbetar han ens klädsel, i synnerhet byxfickorsränderna, på ett rutinerat sätt. Då och då nafsar han efter mössan och har lyckats blotta mitt huvud. Den

---

[72] Ali Upseeri Koulu = Underofficers skola

[73] stallvakt

gode springaren är ett synnerligen lekfullt och trivsamt djur, en verkligt trevlig kamrat och vapenbroder.

Min mustasch har blivit min stolthet och de andras avundsjuka riktas mot mig för att den blivit så präktig, att jag lyckats forma den. Jag har nämligen börjat odla den i samma stil som Douglas Fairbanks Sr[74], vilket i hög grad ökar mitt värdiga utseende. En dragon från en annan skvadron stod t.o.m. i grundställning hela tiden, då jag tilltalade honom. Han hade tydligen inte någon aning om att varje man i "Kuolema-eskadroona" odlar mustascher. Jag smålog á la Douglas Sr, vilket i ännu större grad imponerade på den okunnige dragonen.

Snart kommer vår vän Honkavaara från stallet (om man kan kalla det så), varför jag tror att jag åter lutar mitt huvud mot min gasmask och slumrar in. Knorring har redan gjort det och väntar att jag skall släcka ljuset. Så, hej då igen och hälsa alla samt skriv ånyo.

Hälsn.

Thor-Ulf

P.S: Favén vaknade just och svor över vår slösaktighet med att bränna ljus mitt i natten D.S.

---

[74] Amerikansk filmskådespelare och regissör

15. SOLDATENS MEDHAVDA UTRUSTNING. NOVEMBER 1939.

Mörka orosmoln över nejderna.
Rintama 03.11.1939

Sjuksyster Thorborg!!!

Fick för några dagar sedan din rapport från H:fors. Trevligt att höra nyheterna. Med.kand. Nils Hedman är en kurs senare än jag och har tydligen förlovat sig med Kaisa Haapanen (även hon med.kand.), tillsammans med vilken han har utfört kemiska specialarbeten för Simola (profet). Har jag förresten berättat, att med.lic. Herman Avellan är regementsläkare för Nylands dragonregemente och han vistas här i en grannby några kilometer från oss. Så här finns bekanta, fast dom nog annars är sällsynta.

Orosmolnen tycks allt ännu segla mörka och dystra över våra nejder. Det tycks inte bli något av 'neuvottelut'[75] i Moskva. I går och i dag har varit de mest kritiska hittills. Vi äro alla färdiga att slå ifrån oss, om det skulle gälla och många är nästan för heta på gröten. Man måste försöka hejda dem och lugna dem i deras iver. Här finns nämligen österbottningar bland oss. Många historier om dem skulle man kunna berätta, men jag tror censuren skulle knycka breven i så fall.

Jag måste säga, att man bli någorlunda förråad här. Terminologin, som utmärker den finska soldaten, har jag fullkomligt lärt mig, så nuförtiden osar det bränt från mina läppar, när jag står i soppköp och grälar om platsen i kön, och du skulle höra mig i stallet, när jag slåss med hästarna. Där skriker jag ut svordomar och använder mig av en påk, precis som vilken annan dragon som helst. Och så tyckte man synd om hästarna i maj, då man första gången såg, huru de gamla ulanerna behandlade hästarna.

---

[75] förhandlingarna

Men hästarna tar inte illa upp. De äro lika smeksamma sedan, när allt är bra igen och så knuffar de en med huvudet och slickar en i ansiktet och hälsar "god morgon" med frambenet och tigger fanér[76]. Man är som en gammal god vän sedan igen, men om de börjar sparka och bita varandra, så vet de nog att påken börjar dansa på deras ryggar och då äro de rädda för en, när man bara kommer i närheten.

Vi har prenumererat på "Husis" och betalar 5,50 per man och per månad. Den kommer visserligen en dag senare, men man känner ändå, att man står i kontakt med yttervärlden, när vi får den hit.

För övrigt har jag fått brev från Smedberg, som vistas i Åbo på länssjukhuset tillsammans med Lipidus. Han är lycklig han. Jag menar, som inte behöver gå och halvfrysa i rimfrostiga urskogar på Karelska näset, utan får dväljas bland trevliga unga damer och spirituella med.kander bl.a. "Fagerlund från Skuru" och Blomquist, vilka också äro på "Länet" i Åbo. Jag skrev till honom, att jag avundades honom storligen.

Idag är det fyra veckor precis, sedan vi hängde dödsbrickorna kring halsen. Och där har den nu dinglat utan att något dessvärre inträffat, och fargen veta hur länge den ännu kommer att dingla där. Tiden går ändå, men hastigt, så att man kan börja drömma om våren och så småningom sommaren, när man i juli drar på sig de civila brallorna och åker hemåt. Men kanske man får bliva här 2-3 år innan man hemförlovas. Det beror på de rysk-finska förhandlingarna och världskriget i allmänhet.

Jag har blivit en utpräglad läckergom här i 'vakinainen'[77] (militären kallas så av oss). I går köpte jag russin för 5:- och idag 'Tuliaiskakut'[78], och allt är slutsnaskat redan. Det beror väl på att

---

[76] knäckebröd

[77] ordinarie

[78] presentkakor

man fordrar sådant, när maten är så enformig. Apropå vår mat, så får vi inte tag på en endaste potatis, som inte skulle vara frusen. Gubbarna och gummorna här på näset har hela sommaren plockat bär i skogen och låtit potatisen frysa i i jorden. Vi har fått vara med om att rädda undan största delen. Men som sagt, de äro redan så frusna, att våra potatissoppor har en äcklig och säreget unken smak, och allt tack vare att folket plockat bär här i skogen. Stryk borde de ha, säger våra fiskaler.

En aktuell historia förresten här från fronten. Vår översergeant frågar: "Vad kan man draga för slutsats, om man plötsligt känner doften av senap och lök i skogen? En 'rakuuna'[79] med enkelt konstruerad hjärna får svara och säger helt ogenerat: "Vihollinen ruokailee"[80].(Det riktiga skulle ha varit "Kaasua"[81]!)

Ja, som sagt så är tiden kritisk och vi äro beredda på alarm vilket ögonblick som helst. Och då blir det att ligga ute i tält i skogen och vänta tills den "röda Iivana" närmar sig våra linjer. Värst är det med hästarna, som skall med ut i skogen och frysa. De har det nog inte något vidare bra nu heller i dragiga lider och fähus. Dessutom har många skavsår på ryggen efter vår marsch. Det var nämligen en rätt så påfrestande resa för de fyrfotade.

Kanske det märks, att sömnen håller på att ta överhand och att jag inte får min penna att åstadkomma något mera intresseväckande. Kanske jag tager och hejdar densamma, då jag märker att den föga kan åstadkomma.

Försök nu skriva åter och hälsa Inga-Lill, att jag inte kan åstadkomma så många brev med olika innehåll, så hon kan alltid läsa

---

[79] dragon

[80] Fienden äter middag

[81] Gaslarm

dessa brev och de jag skickar hem. Om jag har skrivklåda så skall jag nog adressera ett även till henne.

Hej då igen!!

Thor-Ulf

16. RYTTARPATRULL VID NYKYRKA SYDOST OM VIBORG. OKTOBER 1939.

Spökromantik och hopp om nytt uppdrag.
Fronten 12.11.1939

Morsa!!!

Tack igen för brevet. Jag har blivit flitig brevskrivare nuförtiden, för vi tävlar om vem som får flest brev här i vårt vindsrum. Knorring har tillsvidare mest, men jag har skrivit till Smedberg, Jalle Gripenberg och Bernhard Frankenhäuser, så jag hoppas, att jag skall komma förbi honom på det sättet. Jag är bara 5 brev efter honom.

Idag är det söndag och vi hade skjutövning, varvid jag skulle ha skjutit ihjäl 4 ryssar med 5 skott, om det skulle ha varit verklighet. På eftermiddagen vandrade jag iväg till järnvägsstationen och besökte 'Lottakahvila'[82] därstädes. Där träffade jag dr. Flittner som var 'oppilas[83]' i A.U.K. samtidigt som jag. Han hade för en månad sedan kommenderats till läkare vid 'Ratintava patteri'[84] och han berättade, att de alldeles i dagarna försöker få tag på mig, för det finns lediga platser för en 'lääket. kandidaatti'[85] som något slags 'apulainen'[86] hos en sanitetsöverste. Denna överste och överste Lindgren hade just frågat Flittner om han visste var jag fanns. Det ser således ut som om man kunde få någon trevligare sysselsättning än stallvaktens och för 'käsihevosenpitäminen'[87]. Det är bara att vänta någon vecka så är det väl klart.

---

[82] Kafé Lotta

[83] oppilas = elev

[84] Ratintava batteri

[85] med.kand.

[86] assistent

[87] 'Käsihevonen' är en häst, som bortom fronten förflyttades när rytteriet deltog i striderna, varvid två man steg av sina hästar, medan den tredje, mitterst i ledet, höll tömmarna till deras hästar, och förde dessa tillsammans med den egna, i skydd för fiendens eldgivning och flygspaning.

Igår hade vi vakt vid vår 'esikunta'[88] och under pauserna drack vi
kaffe och åt bullar i 'vartion majoituspaikka'[89] så flitigt, att jag drack
11 koppar och 6 st 1-marksbullar. Det värmde så skönt, när man stått
ute i regnet och blåsten i 2 timmar i ett kör med hjälmen på huvudet
och full gevärsutrustning. Vaktplatsen var så högt belägen, att man
såg 10-tals kilometer omkring sig över sjöar och skogar. Därför var
det så blåsigt och ruskigt.

Alldeles bredvid mig fanns ett övergivet ryskt hus i två våningar. Det
var av trä och såg ut som en kyrka, i en sådan stil var det byggt. Alla
fönster voro borta, väggarna sneda med gnisslande dörrar, som slog
och smällde vid varje starkare vindpust. Så det var verkligen
spökromantik i synnerhet om natten. Då och då kom det någon
individ förbi och då drog jag genast fram ficklampan och hejdade
honom, för han måste ha personbevis för att komma vidare. Alla
bilar, kärror och andra fordon skulle hejdas och undersökas. Kvällen
var annars ruskigt spöklik, men på något sätt vacker, när det ryska
spökhusets silhuett avtecknade sig mot de rödskiftande molnen borta
vid horisonten.

När sedan vaktturen var förbi, marscherade vår vaktpatrull tillbaka
hem och jag gick i bastun. Det börjar bli som ett nöje att gå i bastu -
liksom biografbesök o. dyl. är i det civila.

Kanske jag hittar på att ringa hem ännu härifrån med 'valtion
puhelin'[90], som finns på en poststation här. Jag hörde just att det går
en transport nu. I synnerhet om jag blir den där militärläkarens
'apulainen'[91] så har man kanske tid till det, då han lever alldeles i
närheten av posten. Det blir annars skojigt att se, huru bekvämt man

---

[88] högkvarter

[89] vaktstuga

[90] statens telefon

[91] assistent

får ifall man byter jobb. Jag menar huru man kommer att få bo och vad för slags mat de bjuder på. Flittner påstod att han äter civil mat och inte alls vår ärt- och potatissoppa. Det skulle nog vara härligt. Men man får inte ropa hej förrän man är över bäcken.

För övrigt har jag blivit riktigt god vän med en liten nätt flicka på 9-10 år, som alltid när jag är i stallvakt på dagarna kommer och pratar med mig om skolan sin och allt möjligt. En gång när jag red hästarna att vattnas, lyfte jag den lilla flickan på hästryggen, varefter jag hoppade efter och sedan red vi båda iväg till sjön. Hon tyckte att det var riktigt roligt.

Idag när jag kom från stationen i mörkret, mötte jag två 2 flickor, som skulle försöka mana mig till en ungdomsföreningsfest, men jag brydde mig inte, utan vi pratade nu bara om krig och kärlek, och så bad de mig komma någon annan dag och hälsa på i grannbyn, där de bodde. Jag tackade och sade att det kunde ju hända. Annars var det de första flickor jag talat med här i Karelen. Av den varan är det glest åtminstone i vår by.

Småningom tager nyheterna igen slut och pappret tycks också vara nästan fullt skrivet, så jag tror jag slutar för den här gången.

Hälsa mostrarna och morbröderna och Nunnu

fr.

TUlf

17. ATT JAG "TALAR FRÄMMANDE SPRÅK!",
TYCKS YLI-KERSANTTI KURKAA INTE KUNNA SMÄLTA.

"Puhuu vieraita kieliä!"[92] och Ebba-Fannys elefant.
Fronten 19.11.1939

Syster!!!

Tack för brevet, paketet och kortet, som med jämna mellanrum anlänt hit. Jag har inte haft tid att besvara något tidigare, emedan vår familjeidyll på ryssänkans vind har gått i kras. Familjen är splittrad och v.Knorring och jag har fått flytta tillsammans med hela gevärsgruppen till ett annat hus, där vi inkvarterats i och för övervintring. Dock, Knorring och jag vistas väl här bara litet över en månad ännu, så vi behöver inte sörja dess vidare för flyttningen.

Stallarna lagas och repareras, så att de håller åtminstone i tre års tid. Hittills har jag inte fått veta något om jag kommer under 'lääkintäeversti' Paronens kommando eller ej. Jag bara väntar. Ja, som sagt så har Favén och Honkavaara farit sin kos och vi kommer ytterst sällan att träffas. Endast om söndagarna, då man har ledigt, får man någon stund med dem.

I går ringde v. Knorring hem till H:fors till sin fader. Samtalet kostade honom 25:- och han pratade bara ca 5 minuter. Om det inte vore så dyrt, skulle jag också göra detsamma, men jag tror det är bättre för humöret om jag inte ringer. Man måste bara leva i hopp om att så småningom få komma på en tripp hem.

Paketet var bra. Jag har suttit i min knut på min halmhög ((jag ligger nämligen sedan lördagen på halmen) och ätit "Cream Crackers" med smör och njutit av paketets innehåll, även för övrigt. Av chokladbollarna som fröken Ebba-Fanny skickade oss fyra, ha endast v. Knorring och jag tagit vår andel. Elefanten som fanns i min boll, har jag hängt som mascot vid min dödsbricka No 462318. Och jag hoppas den skall föra lycka med sig. Annars skyller jag på fröken

---

92 = Talar främmande språk,dvs Svenska!!

Ebba-Fanny. Hälsa förresten damen och tacka för bollen, elefanten och hälsningarna till den okända dragonen, 'käsihevosenpitääjä'[93] No 1 T:ri[94] Westerberg, såsom jag numera kallas.

Knorring utnämndes i går till 'kirvesmies'[95] av vår 'ylikersantti'[96]. Han sade att många av bondsönerna måtte taga exempel av Knorring, som huvudsakligen studerat och nu har utvecklats till en verklig 'kirvesmies'. Jag tycker det är lite si och så med en sådan utveckling, men kanske det nog på sitt sätt är en sådan.

Innan jag började detta ark, var jag på 'eskadroonas' söndagsgudstjänst ute i snöyran. Det snöar och är slaskigt just nu, och mina stövlar håller inte det minsta vatten.

Du undrar, om jag dricker kaffe och väcker döda hundar till liv. Jag dricker kaffe huru mycket som helst i "Simpsonin torppa", en liten karelargubbes stuga. Det värsta är dock att staten giver så litet socker, att man emellanåt får dricka utan sötma. Vid järnvägsstationen, ca 3 km härifrån, finnes "Lottakahvila", där man får mjölk och smörgåsar samt kaffe, så där vistas jag om lör- och söndagarna.

Annars har jag kommit i dåliga papper med vår översergeant Kurkaa, förty han har märkt att jag föga intresserar mig för grovarbete såsom grävning i jorden och trädhuggning, samt timmerarbete. Och det, att jag "Puhuu vieraita kieliä!"[97], tycks han inte kunna smälta.

Jag försöker för övrigt nonchalera honom fullkomligt, vilket han även har märkt. Knorring gör sig till för honom på allt sätt, så han är

---

[93] handhästhållare

[94] Dr

[95] timmerman

[96] översergeant

[97] "Talar främmande språk!"

någorlunda i smöret. Jag för min del kommer aldrig att smälta den förolämpning, som han riktade mot oss båda, v.Knorring och mig, för några veckor sedan. Det är kanske opolitiskt så här i krigstider, men någon slags stolthet har man väl kvar trots allt, vilket jag märkt att v. Knorring saknar.

Flyttningen till detta nya masskvarter, med halmhögar på golvet, har för övrigt inverkat i en viss mån på mitt annars så skämtsamt betonade humör. Men jag tror att man börjar vänja sig vid de här nya förhållandena igen, bara det blir ordning. Nu vet man inte var man har sina grejor, men man hittar väl dem så småningom.

När du nästa gång skriver, så är adressen inte "Kenttäposti No3" utan "Fältpostkontor No3" (skriv på svenska, så vår ylikersantti vredgas).

Jag fick häromdagen ett synnerligen unikt brev från en "Baby". Jag identifierade genast vilken ung skön dam hade författat episteln, då poststämpeln var Myllykoski. Mitt svar sände jag till fröken Gunnel Blomqvist, Myllykoski, men nu skriver Inga-Lill att hon heter Lillevi. Kanske det inte kommer fram. Och det är väl kanske bäst, för det är synnerligen ekivågat framställt.

Hälsa sedan Ebba-Fanny och säg, att jag hela kriget igenom kommer att bära hennes elefant vid min dödsbricka kring halsen så länge kriget räcker. Hälsa även den övriga skaran, som brukar få hälsningar från mig via dig.

Thor-Ulf

**18. RIKSDAGEN PÅ BESÖK PÅ KARELSKA NÄSET.
NOVEMBER 1939.**

C. Vinterkriget

November 1939 - Mars 1940

Kriget hade sin huvudsakliga bakgrund i det hot Nazityskland representerade för Sovjetunionen. Redan 1938 inleddes sovjetiska sonderingar, som syftade till att trygga gränsen mot Finland, vilken löpte endast några mil från Leningrad. I det hemliga tilläggsavtal, som fogades till den s.k. Ribbentrop-pakten mellan Tyskland och Sovjetunionen i augusti 1939, hänfördes Finland till den ryska intressesfären. Vid de förhandlingar som ägde rum i Moskva från 12/10 till mitten av november 1939, krävde Sovjetunionen att gränsen på Karelska näset skulle förskjutas mot nordväst till höjden av Björkö, samt att Finland skulle avstå från utöarna i Finska viken och arrendera ut Hangö som flottbas. I gengäld erbjöds ett dubbelt större område i Östkarelen. Förhandlingarna ledde dock inte till resultat. Efter ett gränsintermezzo, de s.k. Mainilaskotten, framfördes 26/11 från sovjetiskt håll beskyllningen, att man genom artilleribeskjutning åsamkat Röda armén förluster i byn Mainila på Karelska näset. Den finländsk-sovjetiska nonaggressionspakten från 1932 sades upp 28/11, och följande dag bröt Sovjetunionen de diplomatiska förbindelserna.

Trots att mytbildning om motsatsen har förekommit, hade Finland det starkaste försvaret i Norden inför kriget. De militära styrkeförhållandena var trots det kraftigt till Finlands nackdel. Överbefälhavaren, fältmarskalk Gustaf Mannerheim, kunde på grund av brist på infanterivapen sätta in endast ca 275 000 man (i slutet av kriget 350 000) och förfogade över praktiskt taget inga reserver, medan motståndaren till en början anföll med ca 500 000 man och senare erhöll förstärkning av friska trupper. Särskilt förkrossande var den sovjetiska övermakten i fråga om artilleri och pansar. Sovjetunionen hade dessutom luftherraväldet under hela kriget. Till sjöss kunde Sovjetunionen inte till fullo utnyttja sin överlägsenhet, beroende på isförhållandena och det starka finländska kustartilleriet, som tillfogade angriparen förluster vid Russarö och Utö.

På morgonen 30/11 1939 gick Sovjetunionen till angrepp på Karelska näset och på flera ställen utmed den långa ödemarksgränsen norr om Ladoga. Samtidigt riktades flygangrepp mot en mängd orter i landet. Befolkningen i den s.k.

Hyrsyläkröken, som inte hann fly, tillfångatogs av Röda armén. Sedan gränsorten Terijoki erövrats, slöt Sovjetunionen en vänskaps- och biståndspakt med den s.k. Demokratiska republiken Finland, vars regering bestod av finländska emigrantkommunister med O.V. Kuusinen i spetsen.

Efter en veckas strider hade de sovjetiska trupperna avancerat fram till den finländska huvudförsvarslinjen på Karelska näset (Mannerheimlinjen), men på de nordliga fronterna tedde sig läget betydligt farligare. Ryska trupper hade ställvis trängt djupt in i landet och hotade kringgå Ladoga samt skära av Finland på mitten genom framryckning till Torne älv.

På Karelska näset utkämpades under den första krigsmånaden de hårdaste striderna vid Taipale nära Vuoksens utlopp i Ladoga, där överlägsna sovjetiska styrkor i tre repriser (6-7/12, 15-17/12 och 25-26/12) sökte åstadkomma ett genombrott. Därefter försköts tyngdpunkten till Summa vid vägen till Viborg. Norr om Ladoga stoppades den sovjetiska framryckningen vid Kollaa, medan en betydande finländsk seger vanns vid Tolvajärvi. Ännu större framgång hade den finländska "mottitaktiken" (motti) i ödemarkskriget på de nordliga frontavsnitten (se bl.a. Kuhmo, Salla och Suomussalmi), där de finländska skidtrupperna kunde stycka upp de anfallande motoriserade kolonnerna, som var bundna till vägarna. Genom segrarna erhölls även ett rikt krigsbyte, vilket hade en viss betydelse för den bristfälligt utrustade finländska armén. Omfattande inringningsoperationer i Ladogakarelen ledde på samma sätt till likvidering av den s.k. generalsmottin vid Lemetti i Impilax 29/2 1940, medan en stor motti vid Kitelä höll stånd till krigets slut.

Sedan faran för ögonblicket avvärjts, inleddes 23/12 på Karelska näset en finländsk motoffensiv, som dock inte fick avsett resultat. Efter en månads förberedelser inledde Sovjetunionen med friska trupper en storoffensiv på bred front på Karelska näset och lyckades 12/2 1940 strax öster om Summa bryta igenom den finländska linjen, som därefter flyttades 5-20 km bakåt till en obefäst linje. Denna måste uppges i slutet av februari, och därefter gick fronten på Karelska näset från Viborg till Vuoksen. Vid månadsskiftet februari-mars överskred ryssarna på isen Viborgska viken och skapade ett brohuvud på norra stranden. Anfallet kunde avvärjas delvis tack vare de trupper som sändes söderut sedan

Svenska frivilligkåren (svenska frivilliga) i slutet av februari hade
övertagit ansvaret för hela norra Finlands försvar.

I denna kritiska situation inleddes i Moskva fredsunderhandlingar,
som från finländsk sida leddes av statsminister Risto Ryti. Till
Sovjetunionens villighet att förhandla bidrog otvivelaktigt ett
västmaktserbjudande att sända en brittisk-fransk expeditionskår
till Finlands undsättning. Om anbudet hade antagits, hade
Sovjetunionen indragits i krig med Storbritannien och Frankrike.
Västmakterna ville främst få fast fot i Norden och därmed
behärska de svenska malmfälten, som var av stor betydelse för
Tyskland. Den osäkerhet som rådde om den utlovade hjälpens
storlek och kvalitet samt Sveriges och Norges kategoriska vägran
att bevilja transitering för undsättningskåren förmådde slutligen
den finländska regeringen att gå med på de sovjetiska
fredsvillkoren, trots att de uppfattades som ytterst hårda. Detta var
ett avgörande av världshistorisk vidd, eftersom ett finländskt
accepterande av västmakternas erbjudande hade gett helt
annorlunda konstellationer under andra världskriget i
fortsättningen.

I Moskvafreden, som undertecknades 12/3 1940 (fientligheterna
inställdes en dag senare), avträddes hela Karelska näset med
Viborg, Ladogakarelen med Kexholm och Sordavala, utöarna i
Finska viken, ett område i Salla och Kuusamo samt en del av
Fiskarhalvön vid Norra ishavet. Dessutom utarrenderades Hangö
udd till Sovjetunionen på trettio år (Hangö arrendeområde), vartill
Finland förpliktades att snarast möjligt bygga en järnväg från
Kemijärvi till östgränsen och det sovjetiska järnvägsnätet.

Finlands tappra kamp mot övermakten hade väckt en hel världs
sympati och beundran. Nationernas förbund förklarade i december
1939 Sovjetunionen som angripare och uteslöt landet ur förbundet
samt uppmanade medlemsstaterna att lämna Finland materiell och
humanitär hjälp. Särskilt från Sverige fick Finland ett omfattande
materiellt bistånd, som även innefattade vapen, organiserat bl.a.
genom Centrala finlandshjälpen. Sverige vägrade att lämna
officiellt militärt bistånd, men tillät att en svensk frivilligkår på
drygt åttatusen man utrustades; därtill anlände bl.a. norska,
danska, nordamerikanska och brittiska frivilliga till Finland för att
delta i vinterkriget. Svenska regeringen förmedlade även den
första förhandlingskontakten med Sovjetunionen genom den
sovjetiska ambassadören i Stockholm, Alexandra Kollontaj.

Näst Sverige stod Italien för det kännbaraste biståndet, bl.a. i form av vapen (Fiat-jaktplan m.m.) till ett värde av 4,6 miljarder mk i dåtida mynt. Mussolini företrädde under vinterkriget en diametralt motsatt linje än Tyskland, som förhöll sig ytterst kallsinnigt och uppmanade Finland att sluta fred så snart som möjligt. Vissa historiker (Heikki Ylikangas m.fl.) har hävdat att det var ett tyskt löfte om snar kompensation "med råge" som förmådde den finländska ledningen att gå med på freden. Denna blev svår med upprepade sovjetiska trakasserier (mellankrigsperioden), vilket drev Finland i händerna på Tyskland.

Landavträdelserna innebar att drygt var tionde finländare blev hemlös (förflyttad befolkning) och att omkring en tiondedel av odlingsjorden, industrin och skogstillgångarna gick förlorade. Kriget hade kostat Finland 25 000 döda (på slagfältet stupade 23 157) och 45 000 sårade, av vilka ca 10 000 fick bestående invaliditet (de sovjetiska förlusterna i människoliv var flera gånger större). Den nationella enighet som manifesterades under de hundra dagarna av kamp, har senare ofta med ett nostalgiskt tonfall kallats "vinterkrigets anda".

(Ref. https://www.uppslagsverket.fi/sv/sok/view-103684-Vinterkriget)

Bud om "Ivan´s" övningar av alla möjliga slag!
Karjala 29.11.1939

Syster!!

Tack o.s.v. Bekom det senaste i går. Befinner mig nu i stalltjänst och natten, som varit synnerligen orolig såtillvida, att det kom bud om att den röde börjat svinas med oss bara för att det spruckit några granater för dem, när de höllo sina övningar. Det har varit övningar hos dem av alla möjliga slag. Dock förbjuder mig min blygsamhet och krigslagen att närmare gå in på detaljerna. Dock kan jag nämna, att jag här om dagen stod ute i skogen och vaktade hästarna och frös ikapp med dem. Varför, lämnar jag osagt.

Vi har fått ett "Lottakahvila" alldeles i grannskapet av vårt stall, så jag har nu stuckit mig in och dricker kaffe och röker "North State", och skriver brev. Det är i samma stuga, som ägs av änkan Lovisa, som också äger vårt "stall-fähus". Och som slaktade sina kor och svin, och som lämnade två hönor, en katt och en hund kvar, när hon i förskräckelsen flydde undan den onde i röd skepnad, långt bort till de österbottniska vidderna.

Nu är hon åter hos oss och kokar kaffe. Och vi dricker. För varje ämbar vatten och famn ved, som jag burit in åt gumman, har jag erhållit en kopp kaffe + ett st. bullskiva. Allt som allt har jag förtärt sju koppar kaffe och sju bullskivor i dag. Harmar det inte en gammal koffeinist att få slika underrättelser? Svara!!! (Minns betoningen).

Jag glömde frågorna, som du ställer till mig i ditt brev:

1. Jag har inga möjligheter att komma hem i jul. Det kan vi tacka "Ivan" den svartmuskige och surkålsätande för. Han bryr sig föga om att Paasikivi skriver sina memoarer.

2. Vi får sova, syster, men inte när vi står i stallvakt. Och vår sömn är ljuv i en atmosfär, som stinker av fotsvett från 12 st ('korjaan'[98] 12 par) fotsulor och dessutom kryddas atmosfären av olika gasformiga förruttnelseprodukter alstrade av välfrodande tarmbakterier.

Men när man är trött, är sömnen ljuvlig. Det har hänt mig att jag somnat i hästkrubban liksom Jesusbarnet, och stoet har smekt mina lockar och mitt ansikte med sin sträva häst-tunga så jag åter vaknat. Och hästen, som märkt min återuppståndelse ur drömmarnas värld, tager helt prosaiskt och tigger bröd av mig med sin rörliga mule, som den gnuggar och knuffar mig i sidan med.

Hästens, liksom soldatens, huvudintresse här i militären är mat och åter mat. Skillnaden är bara den, att den här militärmaten gör hästarna magra och soldaterna feta. Det beror kanske på födans kvantitet och kvalitet.

3. Det är omöjligt för mig att hälsa Favén, förty han ligger någonstans i skogen nedgrävd för att skyddas för luftangrepp. Misstolka mig icke, han är vid full vigör och har inte någon avsikt att begrava sig levande, men han och hans grupp har fått order om att göra sig hemmastadda med de underjordiska förhållandena, och han har lytt som det anstår en krigare utan fruktan och tadel.

Som jag sagt i ett brev till fadern, så avreser jag till Fredrikshamn om en månad i och för utbildning till reservofficer. Det enda är, att om den vitlöksluktande och flugsvampsätande "Ivan" hittar på något ofog, så går min avresa om intet och jag måste bli kvar här och taga emot honom som det anstår en gäst av hans kaliber. Det kommer nog att bli rätt så varmhjärtade vänskapsbetygelser. Kanske t.o.m. alldeles för hetblodiga, så att ryssen inte riktigt känner sig väl till mods.

---

[98] korrigerar

Har du en aning om att jag växlar eldiga kärleksbrev med en okänd dam från Myllykoski. Det hela går enbart i skämtets tecken. Inga-Lill har tydligen sitt finger med i spelet, ty det var damen som avlossade den första kärlekspilen, och för att hon kunnat sikta rätt, har tydligen Inga-Lill fungerat som någon sorts ballistiker, som angivit riktning och sprängsatsens mängder.

Bläcket tycks taga slut, så hej då så länge du ännu kan läsa något.

Thor-Ulf

19. VÅRDPERSONAL PÅ SJUKHUSTÅGET I VIBORG
1939.10.01.

Krigsstarten

Den 26/11 lät Stalin några av sina soldater beskjuta gränsbyn Mainila på karelska näset med kanoner. Därefter hävdade Stalin att det var finländarna som hade skjutit på de ryska soldaterna i byn. Finländarna nekade, men i Sovjetunionen förberedde man sig för att anfalla sitt lilla grannland i väst.

Morgonen den 30/11 bombades Helsingfors och Sovjetunionen anföll Finland med 450 000 soldater utan någon krigsförklaring innan. Ledarna i Sovjetunionen var övertygade om att det skulle gå lätt att erövra Finland och man ansåg att det inte skulle ta mer än några veckor med minimala förluster. Man förstod inte hur fel man skulle få.

20. STRIDSVAGN ERÖVRAD AV FIENDEN VID SUMMA PÅ KARELSKA NÄSET. 1939.12.01.

Börjar ryssen fundera?
Fronten 16.12.1939

Trevlig Jul, Poggo!.

och tack för det senaste brevet. Jag måste börja skriva julhälsningarna nu redan för posten går så oregelbundet, att det är bäst att skicka i tid. Hoppas att julen blir lugn och fridfull för er alla där hemma, och här på fronten lika stillsamt som idag. Inte en enda rysskanon har dundrat och granaterna ha vi förgäves lyssnat efter. Det har riktigt varit en underlig känsla att örona fått vila en stund. Kanske ryssen börjar fundera på vad det beror på, att de får på ögona som de nu hittills fått.

Här är livet annars mycket väl ordnat för oss. Mat får vi nu bättre än under fredstiden i Villmanstrand. Smör, socker och mjölk. Och jag måste säga, att jag inte alls kommer att ha dess vidare ledsamt, om jag måste fira julen här i ett tält mitt i ödemarken. Tvärtom skulle man skämmas, att som kronvrak vara hemma bakom fronten, när alla andra är här. Om två veckor kanske jag blir bort-kommenderad till R.U.K, som är igång även under krigstid.

Skolan finns inte längre i Fredrikshamn, utan är flyttad till en annan ort, som inte får nämnas. Det kan jag dock berätta, att den är nära Bottniska viken, alltså i Österbotten någonstans.

Jag fick brev från Lasse Gripenberg, som nu vistas där. Han längtar hit till fronten för att få kämpa mot ryssen. Undrar om de fått mina brev till Nurmijärvi? Av Gunnel Blomquist, Myllykoski, har jag fått 3-4 brev, vilka jag besvarat med iver. Det är underligt, att jag så småningom börjar känna henne bara genom att skriva brev. Det är naturligtvis skoj hela tiden, vår korrespondens, men om vi träffas ännu efter detta, så är det som gamla goda vänner, tror jag.

Jag var i bastu idag och tvättade bort en månad gammal smuts. Det kändes genast mycket lättare. Vi sölar och arbetar endast smått mitt på dagen, men på natten rider vi omkring i skogarna. Det är ett underligt liv. T.ex. när vi drog oss tillbaka undan ryssen, så mjölkade vi kuddor, som sprungo lösa omkring i skogen. En gång fick vi inte fast kon, utan vi sköt den och mjölkade liket. En annan gång önskade vi oss stekt tjurkött, varpå vi sköt en tjur i pannan och skar ut några saftiga bitar ur sidan. Följande dag står samma tjur på sina fyra ben och bölar. Den hade bara svimmat av skottet. Så seglivat var djuret.

Jag måste spara på brevpapper, så jag slutar nu, detta okoncentrerade och konfysa brev. Här är ett sådant liv i tältet, att man inte kan svamla.

Thor-Ulf

21. ELDLINJEN. JOUTSIJÄRVI, NYÅRET 1940.

Kort från sköterskeeleverna.
23.12.1939

Den 23 december fick Thor-Ulf brev från sköterskorna Ulla och Anja. Han befann sig då långt ute vid fronten närmast fienden. På framsidan av kortet hade även Anja ("ny sjuksköterska") skrivit en hälsning.

"På tåget 21/12 1939

Hej!

Tack så hjärtligt för kortet! Det var så roligt att höra av dig. Hade nämligen brev av Bögo, som var orolig för dig. -

Sitter som bäst på tåget norrut. Två ur vår kurs förklarades färdiga igår och fick genast utkallningsorder. Vi äro nöjda och glada att få fara iväg! Vi sutto just i skogen en stund till omväxling.

Med kännedom om postgången är det väl för sent att önska dig God Jul, så jag får i stället önska ett fridfullt nytt år med seger för de våra! Vi äro mycket stolta över er därborta, fortsätt bara som ni börjat så går allt bra.

Hjärtliga hälsningar,

Ulla
Sjuksköterska"

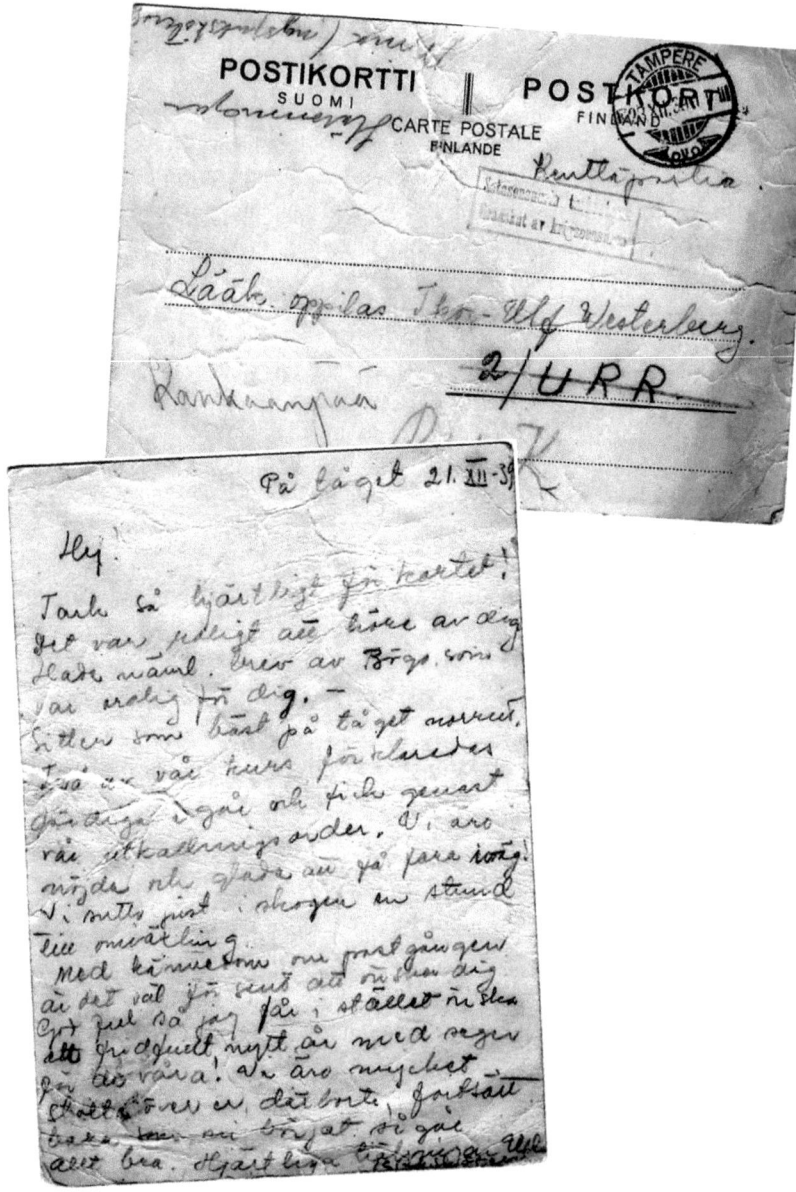

22. SJUKSKÖTERSKORNAS KORT TILL THOR-ULF MEDAN STRIDERNA PÅGICK FÖR FULLT.

Brev från Arthur till Anton.
Esbo 2.1.1940

Brevet från Arthur Oskarsson beskriver antydningsvis hemmafolkets
situation. Under den här perioden var korrespondensen mellan
frontsoldaten och familjen mindre livlig av skäl som inte är svåra att
gissa sig till.

"B.B.

Gott nytt år själv Westerberg o -bergs!

Det var roligt att höra från Er. Tänk vilken tur, att ni lyckades
sammanträffa med Thor-Ulf. Det är säkert högtidsstund ömsesidigt.
Tillsvidare vistas vi här i Esbo i ett litet vindsrum, men höra oss för
om litet rymligare logi och på nedre botten - vindstrappan passar ej
Elnas ben och hjärta. Själv reser jag i regel 7:45 med buss till staden
och återvänder någon gång på e.m.

Även här i Esbo se vi så gott som dagligen Molotoffs fredsduvor.
Senaste söndag fick dom diarré och fällde ett antal burkar. Somt blev
liggande i snön utan att explodera. En 200 m från oss exploderade en
och brann i snön på en åker i några minuter. I samma veva fick
amerikanska ministerns sommarvilla del av ryssens fredliga avsikter,
som du sett i tidningarna.

Margit är i Uleåborg. Hon har mycket arbete, som dag för dag ökar,
men hon trivs utomordentligt. Till en början hade hon endast
medicinska fall, men nu är avdelningen kirurgisk.

Idag lördag har jag ej varit till staden. Brukar oftast om lördagarna stanna här ute. Det är ganska lugnt i min bransch, men man bör dock finnas till hands, då och då ringer min kund.

Ole går vart annat/vart tredje dygn skyddsvakt på orten. Det är ont om skyddskårister.

Få se när vi får fortsätta våra skruv-partier.

Då man hör och läser om våra duktiga gossars bravader vid fronten, önskar man ofta att man vore litet yngre och vid bättre vigör och kunde vara med på jakt. Måtte effektiv hjälp snart anlända så att våra gossar finge litet andrum och vila.

Låt igen höra av er! Elna bifogar brev till Elin.
Varen hälsade från

tillgivne
Arthur Oskarsson."

23. HELSINGFORS 1939.12.25.

Åter hemma i stan och problem med kyla och damer!
16.1.1940

Syster "Thor"-

Tack för dina brev, som nu äntligen fått tag på mig. Även julpaketet tycks ha funnit vägen hit. Likaså Nunnus och moderns förpackningar. För övrigt var det trevligt, att få se edra fysionomier för den lilla stund den 1:a dennas.

Inte var ni så mycket förändrade, endast omgivningen hade något lustigt över sig, som gjorde att man ville bort från den gamla, goda staden. Det underliga är, att man under dessa tider helst skulle vara där borta i ödeskogarna, där man inte ser annat folk än krigsmän. Man kommer inte att tänka på vad för en stor olycka det här landet har trasslat in sig i, när man är där borta. Men här, när byarna och städerna är mörklagda och överallt spelas fosterländska melodier, då börjar det kännas så underligt inom ens "Thorax", att man knyter näven och man önskar pest och död åt den djävulen, som ställt till med allt detta.

Som du kanske märkte, när jag var i staden, var jag utmärkt med två vita band på axeln, vilket betyder undersergeant. På grund härav giver staten per dag åt mig 15:-, vilket jag i min glädje icke kan spara, utan frossar chokladdrycker på "Café Mattsson", där det spelas "Calle Schewen" och alla möjliga svenska plattor på grammofon. En t.ex. "Där jag lekte som barn, där är allting som förr ...." brukar sätta fantasin igång och då repeterar den alltid Friggesby, Grankulla, Porkala. Så det är riktigt trevligt på "Mattssons Café".

Där spelar jag schack med Cedercreutz alldeles som på "Heinänens", och Widenäs gör oss sällskap. Vi tre ha beslutat att träffas, när det är fred på "Heinänens kafé"och begära att de hämtar fram vårt schackbräde, som vi tre köpt dit. Men framtiden får sköta om den saken, när det skall ske.

Ja, Cedercreutz och Lars-Bertel har bränt sig på elden, som de så länge lekt med. Och du tror, att jag kommer att bli så intresserad av "Lillu", att det går lika illa för en gammal krutstänkt dragon. Nej du, jag har blivit på ett så lustigt sätt intresserad av damen, vilket gör att det omöjligt går att längre fundera på densamma. Därför skriver jag brev till Lillu, Margut, och Britta Holmström och skickar julkort till Lipidus och Anja, samt flörtar på tåget med frälsningsarmé-löjtnanter och caféflickorna här i byn. Vad tror du att det blir av sådant. Men jag tycker att det är lyckligast på detta vis, att man inte bryr sig om dem på det sätt som Ceder och Laban tycks ha gjort.

För övrigt finns det på näset en 18-årig mörklätt och mörkögd flicka med ryssblod i ådrorna, som var lika livlig och bråkig som Clara Gripenberg, men en verklig skönhet för övrigt, som vi intresserade oss för på kvällarna.

Du undrar säkert om här finnes bekanta. Här finns Cajus, Piller, Gunnar Petterson, Veli V., Gajus Wisenberg, Freyvid Lönnqvist, och kanske många andra för dig bekanta.

Nu idag är kölden mycket negativ. Det är nämligen -31° kallt och på vägen till 'käymälä'[99], som är en halv km från kasernen, hinner man förfrysa sig och vad som verkligen händer en på "käymälä", förbjuder mig mitt sinne för det tragiska att nämna.

…..

---

[99] torrdass

Jag blev avbruten och fortsätter mitt skrivande den 17.1 -40 härmed.

Idag är kölden -36° så gudarna vete vart det ännu skall bära. Hittills har man glatt sig åt att ryssdjävlarna fryser ihjäl sig där vid gränsen, men om det fortsätter så här med den tilltagande kölden, så vete tusan hur det går för våra egna därborta. Hoppas att det inte även blir alltför kallt för dem.

Jag och Widenäs har hittat på ett bra sätt att komma in på sjukhusets "latrin". Vi ha fått lov att begagna oss av sjukhusets medicinska litteratur och med en tjock bunte under armen, vandra vi genom korridorerna och passa på lämpligt tillfälle att slinka in på nämnda inrättning. Det är nämligen så, att enbart sjukhusets personal har rätt att besöka platsen ifråga. "Barnabas" Lundqvist går alltid till bastuns W.C. även om det är över +0°C. Det räcker kanske med denna förklaring över vilka problem kölden givit oss att lista ut och lösa.

Vi hade ritt häromdagen med hindertagning och det var synnerligen uppiggande, när det är så länge sedan man suttit på hästryggen. En malör inträffade dock, när "Barnabas" Lundqvist skulle över ett hinder. Hans engelska fullblod stannade plötsligt efter att först ha satt iväg i vildaste galopp och rätade sedan upp sitt sitt huvud, varvid "Barnabas" fick en bättre sortens "knock out" och ramlade avdomnad och med blodig tand ur sadeln.

Arket tager mot förmodan slut, varför jag framför mina hälsningar till dig och andra bekanta.

Hej!!

Thor-Ulf

24. DRAGONER MED HÄSTAR OCH SKIDOR 1939.12.19.

25. SKADAD BLIR OMHÄNDERTAGEN.

Kaos i brevskörden och mörka tankar.
27.1.1940

Syster!

Hav förbarmande med mig, som får brev i sådan grad att jag inte orkar besvara dem. Du vet Fadern, Modern, Nunnu, Kinkku, Bögo, Laban, Brita, Brita, Ulla, Gunnel, Gunnel, Margaret, Bernhard, Liisa, Anja, Smedberg, o.s.v, o.s.v. och på nytt igen. Jag har lidit, men nu lider jag mer än nog, när jag inte får till stånd sprituella svar till alla.

Skulle alla vara så förståndiga som Lipidus, som inte skrivit sin adress, så skulle det vara hääärligt. Jag fick ett litet kort av henne i dag. Det betyder naturligtvis, att hennes korrespondens även är så vidlyftig, att hon inte skulle förmå sig att införliva mig bland de lyckliga, som får läsa hennes rader. Du förstår det där med gammal ..... rostar aldrig, liksom bränt barn, som alltid luktar illa.

Tyvärr måste jag medgiva, att en granatskärva från damens ifråga stridshjälm ännu gnager i mitt ludna bröst. Dock är damen jag talar om inte på samma sätt föremål för mina känslor, som så många andra. Nej, det skulle aldrig falla mig in att yppa för henne, vad som rör sig inom mig. Det är mycket bättre, att hon får föreställa idealet i förkroppsligad form.

Tidsuret tickar oupphörligt, sakta men säkert framåt. Varje dag som går, är ett nytt trappsteg mot döden, som med skakande tänder och klappande käkar väntar på oss, när vi efter ett par månader som fänrikar kommer tillbaka till fronten. Men vad gör det, när man ändå inte har någonting att leva för.

Det skulle vara annat med Laban, som fått tag i en som förstår honom. Och dessutom är det här lekandet här i skolan så enformigt, att man skulle önska sig så långt pepparn växer. Man har bara så mycket tid, att man hinner grubbla över ens eget och för övrigt även andras öde. Borde kanske inte skicka det här brevet, men så får du åtminstone någonting. Ett nytt ids jag inte skriva. Ett som skulle dölja vad jag känner, bakom ett skal av krystad humor.

Skriv Poggo!
till

Brodern.

26. HELSINGFORS, LÖNNROTSGATAN 1939.11.30.

Ledproblem och officersattribut.
21.2.1940

"Sakramenskan Poggo" !!!

Måste väl skriva igen en bit. Kanske det är det sista från detta ställe, för snart skall vi härifrån för att slåss med den röde. Få se om jag får kämpa med operationskniven i ena handen och förlossningsstången i den andra eller om jag åter hamnar hos dragonerna och blir en så'n där 'sissijohtaja'[100]. Jag tror att det sista skulle vara misslyckat all den stund min kondition inte skulle gå iland med det.

Det myckna liggandet och krypandet i snön har gjort min kropp skröplig. Framförallt lederna tycker inte alls om kylan. Nu t.ex. är det nästan omöjligt att stiga upp på morgnarna. Så ont tager det i mina leder. Men när man börjar röra på sig blir det bättre. Utom när vi tager "maahan"[101] i snön och sedan "ylös[102]" igen. Då strejkar lederna så det är med största besvär jag slipper upp i snön.

Detta om mina leder. De påminner om dina för någon tid sedan. Har inte brytt mig om att gå till läkaren. Jag ville åtminstone förut ha min officersgrad innan de stoppar mig på något sjukhus för att bota krämpan. Det är möjligt, att det kommer att gå om av sig själv.

Jaså, du tror att jag helst önskade, att denna skola skulle räcka länge. Du misstager dig. Min önskan är tvärtom, att jag så fort som möjligt skulle komma till 'sotasairaala'[103]. Minns du ännu Johannes Anttinen, Junnu även kallad. Han kom för några dagar sedan hit och berättade, att han varit 5 månader på sotasairaala och har lärt sig att

---

[100] "kommandosoldat ledare"

[101] "till marken"

[102] "stig upp"

[103] krigssjukhus

själv utföra amputationer, laparatomier och herniaoperationer. Det är följaktligen lätt för dig att förstå, att det harmas åtskilligt, när man under den tiden fått sköta hästar och springa undan ryssar. En annan sak, som jag ändå är nöjd med över att jag har varit här, är att man inte har behövt lida av den förbaskade kölden. Det är nämligen obeskrivligt vad jag lider av köld.

O, Poggo, har du så mycket förstånd och sinnesnärvaro, att du skulle kunna hitta en butik, där det säljes officersbälten med officersrem (du förstår en sådan där läderrem, som går över axeln)? Försök skaffa åt mig ett sådant bälte. Likaså vore "Uudenmaan rakuunarykmentin erikoismerkki" mycket bra att ha. Det ser ut ungefär som bifogade ritning och så är den av sådan där glänsande gul metall.

Köp två par sådana om du kan. Om Inga-Lill redan har fått tag på dem så köp inte.

Det är möjligt att jag får litet permission, när det här är slut. Så jag kommer till H:fors och tittar in igen. Undrar om det lönar sig att fara till Östersundom? Är där månne mycket trångt? Borde skaffa mig nya officersbyxor i staden, om sådana står att fås.

Annars ha ni blivit oerhört lata med att skriva, både Kinkku och du. Kanske det är för att jag också är det. Och Inga-Lill är bara arg och förbannad när hon skriver. Turvist på Molotov och turvist på mig.

Alldeles som förr i världen, då vi sutto och skrattade i köket på Långbrokajen 11. Bara med den skillnaden, att då var hon inte arg på Molotov, för hon kände inte honom då ännu (Kinkku läser aldrig tidningarna).

Ja, enligt nyheterna lär ryssarna nu befinna sig där jag firade jul i ett J.S.P-tält[104]. Där måtte det se ödsligt och fördärvat ut. Redan då var samma station utsatt för ett jäkla bombardemang, men vad var detta mot det som nu har pågått i veckor. Inte underligt, att de våra krupit in i hela och nya ställningar. Det är ju så, att när kostymen är utsliten och fördärvad, så skaffar man sig en ny. Så tyckte även Mannerheim, när han hade gossarna att byta ställningar. Hoppas att det räcker ännu längre tid för Molotov att skjuta sönder dessa.

En ung fru, Runa v. Herzen, vistas här som sällskap åt sin make.Hon var i tiden klasskamrat till dig och kallades då Runa Lindberg. Hon har antagligen konstaterat att "Nur im Herzen wohnt die Liebe wie ein Diamant klar und rein". Varför skulle hon annars vara här?

För övrigt ber Brita Gefwert hälsa. Hon vistas på en prostgård och andas in andlig klosterluft och gymnastiserar tillsammans med prostens korpulenta syster, lektor Gunnel. Caj Gefwert har också bett hälsa.

Jag tror att jag slutar nu och hoppas du åter skriver till mig.

Hej då, igen

Thor-Ulf

---

[104] fältförbandsplats intill eldlinjen

Den 7 mars 1940 anlände statsminister Ryti och en förhandlingsdelegation till Moskva. Finländarna blev tvungna att godta de sovjetiska kraven på bland annat Karelska näset, Viborg, Kexholm samt rätt att få arrendera Hangö udd. Fredsavtalet skrevs under den 12 mars och striderna upphörde den 13 mars klockan 11.00

27. TRANSPORT AV LÄTT SKADADE.
1940.03.13.

Innan striderna upphört.
På tåget 11.3.1940

Käraste föräldrar!

Nu är man åter på resande fot och jag misstänker jag kommer att få
åka tåg mera än någonsin förut. R.U.K. slutade plötsligt för några
dagar sedan och gossarna utnämndes till reservofficers aspiranter,
samt skickades till olika uppgifter runt omkring i landet. En del
direkt till fronten och andra för att skola nya rekryter. Jag var alldeles
säker på att vi medicinare skulle komma i deras sällskap, men natten
efter, när allt var ordnat för avfärd följande kväll, kom det order om
att alla medicinare blir kvar för att vänta på annan kommendering,
och den kom dagen därpå.

Alla kommer vi till något 'sotasairaala[105]', 'kenttäsairaala[106]' eller
'sairas- o. sairaalajuna[107]'. Jag kommenderades till vårt största
sjukhuståg med plats för flera hundra patienter, operationsvagn,
apotek m.m, som finnes på tåget. Jag har fått en egen box med en
härlig säng, nästan bättre än en civil säng, och sjuksystrarna och
lottorna på tåget äro mycket vänliga och sköter om en på bästa sätt.
De titulerar mig "tohtori" och det känns inte alls mera som om man
skulle vara i militären, utan som om man fortsätter sina medicinska
studier, fastän på ett mycket egendomligt sätt.

Det här tåget har ingen bestämd rutt. Det rullar fram längs alla
järnvägsspår, som finns i Finland, hämtar sårade från näset och norr
om Ladoga, och för dem vidare till olika 'sotasairaaloita' t.o.m. Åbo,
Björneborg och H:fors. Så det blir ett riktigt zigenarliv, men säkert
spännande och intressant.

---

[105] Krigssjukhus

[106] Fältsjukhus

[107] sjuk- och sjukhuståg

Classe Cedercreutz blev skickad till svenska frivilligkårens ambulans, så han har bara att göra med rikssvenskar och norrmän. Widenäs kom till ett 'kenttäsairaala' norr om Ladoga. Han påstod att han gärna skulle ha bytt med mig.

På detta tåg finns med.kand. Nisse Hedman som 'lääkintäluutnantti'[108], men med sina tennknappar på axeln istället för på kragen, när han inte gått genom R.U.K.

Kanske jag skriver mera en annan gång igen. Jag är som ni kan förstå 'Res.ups.kokelas'[109] med en dagspenning av 20:-. Jag hörde i R.U.K, att första stjärnan kommer på min krage i slutet av denna månad. Få nu se. Nu har jag på axeln en massa grannlåtar, så att man ser ut som 'kokelas'[110]. Axelstycket ser ut så här ungefär:

Så hej då igen och skriv snart.

Hälsa Nunnu från

Thor-Ulf

---

[108] Fältläkare med löjtnants grad

[109] Reservofficers aspirant

[110] Aspirant

D. Mellankrigsperioden

Mars 1940 - Juni 1941
Mellankrigsperioden, 1940-41, tiden mellan vinterkriget och
fortsättningskriget i Finland (kallas även oegentligt
"mellanfreden" - av finskans välirauha), från mars 1940 till juni
1941.

Mellankrigsperioden präglades bl.a. av politiska oroligheter, som
inspirerats från sovjetiskt håll (Sällskapet för fred och vänskap
med Sovjetunionen). Sovjetunionen utövade överhuvudtaget på
olika sätt stark påtryckning, bl.a. kring frågan om Petsamo.
Ishavshamnen i Petsamo var ett andningshål för Finland (och
Sverige) sedan sjöfarten genom de danska sunden blockerats efter
den tyska ockupationen av Danmark och Norge. Den användes för
export och import av gods till England och transoceana länder.
Ett svårt övergrepp, som Finland var tvunget att stillatigande
svälja, var nedskjutningen av passagerarplanet Kaleva över Finska
viken i juni 1940.

Vid midsommartid framställde man från sovjetiskt håll krav på att
Åland skulle demilitariseras och de där existerande befästningarna
demoleras, trots att ingenting stipulerades om detta i
Moskvafreden. I början av september nödgades de finländska
myndigheterna efter påtryckningar vidare underteckna ett avtal
enligt vilket Sovjetunionen fick tillstånd att transportera trupper
till Hangö arrendeområde per järnväg.

Då nyheten om att tyskarna hade landstigit i Vasa spreds vid
samma tid, mottogs detta med en känsla av befrielse av den stora
allmänheten. Tyskarnas uppdykande baserade sig på ett mellan
militära instanser 12/9 1940 ingånget avtal om transitering av
tyska trupper genom Finland till Nordnorge.

Under mellankrigstiden noterades sammanlagt 85
gränskränkningar av sovjetiskt flyg och 109 av fartyg och
militärpatruller. För de finländska ledarna framstod i denna
situation ett samarbete med Tyskland som den enda utvägen, och
detta kom även till stånd sedan Hitler inför Operation Barbarossa
hade ändrat sin tidigare kyliga attityd till Finland. Då
utrikesminister Molotov i november 1940 besökte Berlin

deklarerade han, att Sovjetunionen önskade fria händer att slutgiltigt lösa den finländska frågan, men Hitler lade in sitt veto, eftersom detta inte passade in i hans planer. Frågan om huruvida Finland råkade in i kraftmätningen mellan Tyskland och Sovjetunionen som ett viljelöst objekt eller inte var några decennier efteråt föremål för intensiv diskussion (drivvedsteorin).

Med Sverige inleddes förhandlingar om ett statsförbund (Sverige-Finland) mellan de båda länderna, men dessa planer stupade på att Sovjetunionen motsatte sig dem. Sverige lämnade även ett massivt bidrag till återuppbyggnaden efter vinterkriget i form av penningdonationer, krediter, arbetskraft, maskiner och annan utrustning, delvis kanaliserat genom Finlandshjälpen.

Förlusten av Karelen och Hangö genom Moskvafreden 1940 innebar en svår åderlåtning av det jordbruksberoende landets produktionskapacitet. För att tillfredsställa den förflyttade befolkningens behov av odlingsjord stiftades sommaren 1940 den s.k. snabbkolonisationslagen. Under mellankrigstiden började man även på allvar tillämpa den 1939 stiftade lagen om arbetsplikt. Denna stadgade att varje finsk medborgare i åldern 18-64 år som inte var värnpliktig kunde sättas i arbete som tjänade försvaret eller landets ekonomiska intressen. Likaså kom den krigstida talkoverksamheten igång (talko).

Ref. B. Laurla, Talvisodasta jatkosotaan: viisitoista kuukautta välirauhan aikaa, 1986. (https://www.uppslagsverket.fi/sv/sok/view-103684-Mellankrigsperioden)

Inlagd på sjukhus och tankar om relationer efter krigsslut.
17.3.1940

Syster i anden!

Jag har lidit och åter lidit. Du vet det där med lederna, knäet och vristerna är värst, sedan turas höftlederna och armarnas leder. Känner du till det lilla ärtbenet vid handleden. "OS pisiformae" heter det visst. Denna obetydliga led har visat sig speciellt ilsken.

Febern ha böljat där uppe kring +39°, men just nu är jag så gott som feberfri. Närmare detaljer om mina krämpor får du, om du hänvänder dig till familjen, som kanske redan trots moderns bombskräck befinner sig på Fabiansgatan. Åtminstone vet Inga-Lill någonting.

Trots att jag lider och har värk i mina Glieder, så är det som om jag befinner mig i 7:e himmelen. Mitt rum heter nämligen "Aamutähti"[111], och alla de andra har liknande rum. Jag tänkte att hit hämtas alla som eventuellt går till exitus.

Nu då det är fredliga tider åter och krigarna blir bönder och skogsbrukare, så blir naturligtvis krigarens brud en helt annan än under kriget. Du minns väl vilka hejdlösa utsvävningar jag tillät min penna företaga sig, då jag tillskrev krigarbruden i Myllykoski. Nu är den tiden förbi. Nu söker jag inte mera den mörkögda, vilda, alltid eggande kvinnan vars pennrader sögs i mina ådror och brände som eld.

Nej, nu söker jag den lugna, fetlagda och -hm - loja typen, som mjölkar korna om morgnarna och matar svinen om dagarna och som inte blygs för att med några kraftiga tag vräka ut den färska ångande kospillningen från fähuset. Hon är mitt fredsideal. Det är en sådan kvinna man behöver när man blir medelålders. Det känns så tryggt,

---

[111] Morgonstjärnan

när man på nattkvisten kommer hem från sina hippor och inte orkar upp för trapporna, och då kvinnan kommer ut i nattsärken, tar en i kragen och släpar in en. Man mumlar åt henne att "- Det är den där gamla polyartriten igen" och hon svarar "- Aj, den har blivit aktuell igen", för hon är dum och inte alls akademiskt bildad. Därför kastar hon ut kospillning utan någon akademisk skamkänsla.

Du förstår inte hur man kan skriva kärleksbrev till en flicka man inte känner. Så länge jag var fullkomligt säker på att hon skojade, och inte menade ett dyft med vad hon skrev, så gick det an. Men nu vete tusan. Jag vet inte alls var jag har henne. Jag borde inte ha tagit jäntan i båten, för nu måste jag ro hon iland. Och så är det is överallt ännu. Framtiden får utvisa huru vårt förhållande utvecklas. Det är trots allt intressant.

En flicka som man kan skriva åt, vilket man gärna gör är Britta Gefwert. Jag har börjat tycka om henne ganska bra och till min speciella glädje så är det inte någon erotisk sympati gentemot henne jag hyser, och inte heller det man kallar ideell eller platonisk kärlek. Det är ungefär en sådan sympati man känner till sina bästa vänner, t.ex. Laban G., Bernhard F. m.m.

Nåja - Poggo - du har inte försökt skaffa mig märken och dylikt ännu. Jag ser det på din min. Nu ser det illa ut som om jag inte alls skulle få dem, all den stund kriget är slut och vi knappast mera blir utnämnda till kornetter i reserven.

Skulle kriget ha varat, vore jag i dessa dagar kornett. Men bra att det tog slut. Jag anser att det var bättre att stympa det här landet innan västmakterna skulle ha gjort Finland till det blodigaste slagfält historien någonsin skådat. Om engelsmännen skulle ha kommit hit skulle tyskarna också ha kommit och svenskarna skulle ha inblandats och det skulle ha blivit den blodigaste soppan av alltsammans. Men nu får man vara i fred åtminstone en tid framåt.

När jag nu så småningom är uppstånden från mitt sjukläger, så försöker jag få permission. Annars har jag inte ens fyra månader kvar av militärtiden. Jag hoppas den kommer att gå i snabbhetens tecken, så man åter får gå till fredliga värv. Du förstår, schack på "Heinonens" med Ceder, biografbesök med Smedberg o.s.v. Annars vet jag inte ett dyft om var Smedberg finns. Om han allt ännu är överläkare på Åbo län, är för mig en gåta.

Tja, det här slottet jag ligger i torde kanske snart tömmas, och då skickas jag antagligen till Villmanstrand eller kanske till någon plats, där kvinnan Fortuna nästa gång skall ha mig.

Hej då, syster, och skicka nu hälsningar med dem som kommer och hälsar på mig.

Thor-Ulf

28. BUTIK OCH KAFÉ I VIBORG. 1941.08.30.

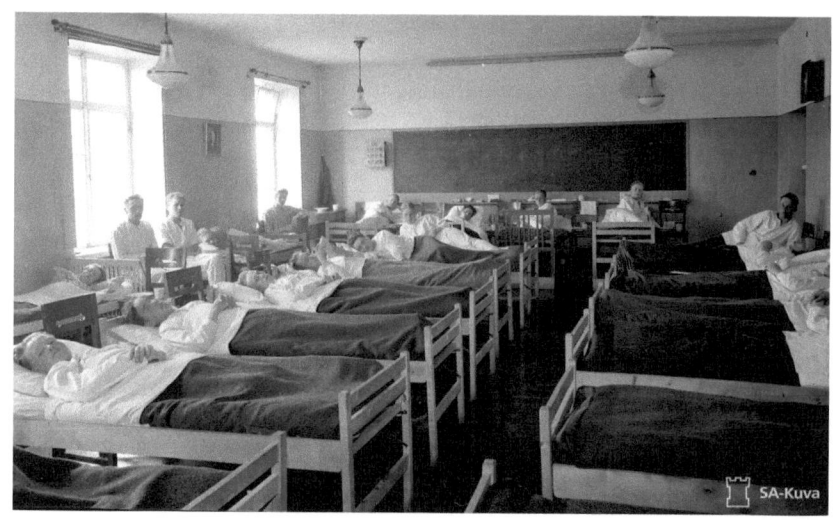

29. SOTASAIRAALA/KRIGSSJUKHUS.

35:e Krigssjukhuset, avd. 5.
Tavastehus 27.4.1940

Fader och moder.

Befinner mig nu på "35 Sotasairaala, osasto 5" och försöker acklimatisera mig. Det är nu andra dagen, som jag uträttat något, skrivit anamneser (sjukberättelser) och sökt en massa saker från arkivet, och skrivit ut 'lomatodistuksia'[112], m.m. Fyra operationer har jag redan varit med om, två ljumskbråck, en öronoperation och en magsårsoperation. Sedan går jag med överläkaren på hans ronder och nu är det min uppgift att lära känna patienterna och deras fel, samt berätta för överläkaren vad som har hänt den och den patienten. Vi har här omkring 200 patienter, så det är nog ett sjå att hålla reda på vad alla felas.

Det är ett fint hus, som är inrättat till sjukhus. En ultramodern funkis folkskola, som blev färdig till hösten. Det är alldeles som om det skulle ha varit till sjukhus från början. För min del tycker jag att Länssjukhuset där Laban vistas är mycket sämre, fast det är sjukhus.

Laban assisterade just för två timmar sedan vid en bråckoperation, varefter vi gick ned till Länssjukhusets tennisplan och spelade tennis. Mitt under spelet ropar en röst från landsvägen - förlåt gatan - som går där förbi: "Hej, Lasse!" och så fick vi syn på Clara Beata Sophia Margareta Arnesdotter, som stod på landsvägen med två kappsäckar. Vi avbröt spelet och sprang och hälsade på henne och frågade vad hon hade här att göra, och så berättade hon, att hon blivit kommenderad hit som 'lääkintälotta'[113]. Få se nu om hon kommer till Laban eller till mig.

---

[112] Permissionsedel

[113]'Lääkintälotta' var personal vid krig- och fältsjukhus, som hade en 6-månaders grund- och fortsättningsutbildning inom sjukvård. I Sjukhustjänst assisterade lottorna sköteskor.

Så nu är vi här fyra Grankulla-bor, som för övrigt i morgon då det är söndag tänker begiva oss på en friluftspromenad till landsbygden, alltså Clara B.S.M.A. Gripenberg, Ulla Svedlin, Laban och jag. Underligt att ödet slängt oss så här ihop till samma plats.

För övrigt känner man sig som en fri man och icke som en soldat. Man får vara ute huru länge som helst om kvällarna, fast hela natten, utan att bry sig om några 'iltalomatider'[114] och dylikt. Livet börjar arta sig.

Dessutom tror jag, att jag börjar få ett visst intresse för den här kirurgin. Det ser inte alls så omöjligt ut. Det här är enbart en kirurgisk avdelning, inte en enda inre-medicinsk patient.

Nåja! Hej då och hälsa de övriga. Adressen skriver jag där bak - på brevet menar jag.

Thor-Ulf

Res. kornett T-U. Westerberg
35. Sotasairaala
Osasto V, K.p.k. 20

---

[114] kvällspermission

På hemväg med Clara och krossade fingrar.

35/Sotasairaala os. 5, 1 maj 1940

Hej Poggo!!!

Jag glömde att skriva gratulationer, men det är väl inte så livsfarligt. Gör det nu istället.

Var igår med Laban och Clara och hälsade på Ulla Marita Svedlin och firade Valborgsmässa. Hon sköter om halvfriska sårade på ett s.k. 'toipilaskoti' [115], som är inhyst i ett 'tylsämielisten kasvatuslaitos' [116]. Clara åter är 'lääkintälotta' vid vårt SotaS:s inremedicinska avdelning. Kvällen gick lugnt utan att de krigsförlovade skulle på något sätt ha förgått sig och brutit mot sällskapsreglerna. När vi sedan gick hem länkade de visserligen ihop sig, då Ulla följde hem sin fästman.

Clara och jag vandrade förut, så att de unga tu inte skulle störas. De hade naturligtvis ett och annat att stöka undan, innan de kunde skiljas. Jag menar, de för förlovade obligatoriska avskedsceremonierna.

För att Clara skulle till fullo uppskatta mitt sällskap, vandrade jag på ena sidan av vägen och hon på den andra. Jag minns att hon på det viset plägade njuta av Håkan Ahlfelts uppvaktning, då hon var ung och för första gången kär.

Här har varit ett och varje att åskåda och jobba. En svensk-talande sjuksköterska har på min anhållan undervisat mig i sårbehandlingens finesser, sådant som det inte står i böcker om och därför har jag på hennes avdelning bytt tamponer, drener m.m., så att man kommer in i det enkla också.

---

[115] rekreationsanstalt, -hem

[116] "Uppfostringsanstalt för mentalt efterblivna"

Med Laban sydde vi ihop på eget beväg två fingrar, som blivit krossade. Gav novocain-injektion i fingrarna och sedan började vi plocka bort benbitar, klippa bort ben, och sy ihop stumparna (var för sig, do you know). Vi utförde operationen något osterilt. Visserligen tuppa vi hela tiden med sterisol, men jag tror, att fingrarna börjar röta. Annars vore det ju en alltför god början för oss unga kirurger.

Vill du veta vad jag på denna korta tid har varit med om? Tre st Hernia (bråck)-operationer, en Hydrocele-operation (vattensvulst i testis), två Ulcus ventriculi-fall av vilka den ena Gastroentero-tomerades (berövades sin magsäck och en del av tolvfingertarmen).

Här på min avdelning finns en fröken Bremer som sjuksköterska. Hon torde vara elev. Är hon månne kurskamrat med dig? Om icke, så avslutar jag brevet med hälsningar till dig och de dina och de mina från Laban, Clara, Ulla Svedlin, tavastländska ryttaren Kokkola, husar Kytömäki och

Thor-Ulf.

Kollegialt samarbete och den blondaste tavastländskan.
Tavastehus 22.5.1940

Syster!!!

Våren har kommit till oss här i Tavastehus. Därför har jag valt ett papper, som minner om tussilago och gulsippor på Kvarnberget. Det var då i vår ungdom, som Kvarnberget drog en till sig om våren. Och man tänker med vemod på de svunna tiderna, då man cyklade tillsamman med Laban och Jalle längs de träckiga, slingriga skogsstigarna till gulsippornas hemvist.

För övrigt är gult 'Ratsuväki'[117]-färg och blått dragonregementets kännetecken.

(Har du läst slut "Havsvargarna"[118]?)

Jag har nu för 2 veckor framåt poliklinik-dejour[119], så jag sitter i ensamt majestät och verkar spränglärd. När jag ingenting vet, skickar jag patienten till Laban på länssjukhuset (jag befinner mig på 'Keskuskansakoulu'[120]) och han svär och är arg för han kan förstås inte stort mera än jag. Därför hämnas han med att skicka sina patienter till mig, då han vet att jag dejourerar på polikliniken. I dag t.ex. fick jag en med diagnosen "Hernia inguinalis l.sin". Då det varje dag kommer slika fall, var jag genast klar med att diagnostisera att gossen huvudsakligen led av "Hydrocele funiculi spermatica", vilken synnerligen påminner om "Hernia ing.", så att i den stilen förlöper Labans och mitt samarbete.

---

[117] Rytteri

[118] Havsvargarna" - roman skriven av Thor-Ulfs fader Anton under pseudonymen "Ån Botvidsson" som beskriver tidig vikingatid.

[119] "dejour" = en ålderdomlig form för jourtjänst

[120] Centrala folkskolan

I går var jag och såg på "Pustans döttrar", som visades på "Hämeen Kino". Jag satt ensam i en loge och hade uppmanat att "biljettklyvaren" genast skulle alarmera mig om de från 'Keskuskansakoulu' frågar efter T:ri W.berg. Lyckligtvis ficka jag se även slutet på "Pustans döttrar" innan jag lämnade min privata loge.

Min litterära törst släcker jag med Wodehouse-böcker översatta till finska. Just nu är jag fördjupad i ett verk, "Piccadillyn Jim", av samma upphovsman.

Några kvällar har jag varit ute i naturen bland kväkande grodor och visslande storspovar tillsammans med en gudfruktig ung dam, som är den blondaste tavastländskan jag har upplevat. Visserligen har jag inte upplevat henne ännu och knappast kommer jag heller att göra det, alldenstund hennes religiösa åsikter inte skulle tillåta något i den vägen. Jag avslöjade henne så småningom. Först visade hon sin sanna avsky för en berusad officer, som på sviktande knän arbetade sig framåt längs landsvägen, som vi gick på. Sedan kritiserade hon min musikaliska smak, när jag tänkte njuta av en serie hotjazz-toner, som strömmade ut från ett kafé vid landsvägen.

Då jag frågade om hon tyckte mera om att dansa vals och tango, så rodnade hon av blygsel och sårad stolthet och förkunnade att hon aldrig tog ett danssteg. Slutligen förebrådde hon mig för mitt flitiga begagnande av de i dragonregementet inlärda finska kraftuttrycken. Då måste jag göra den frågan om hon hellre läste Bibeln, "den heliga skrift" än Wodehouse, och hon erkände.
- Syster, tror du att en som läser Wodehouse passar ihop med en som läser "den heliga skrift"?

Häromdagen infann sig en omtöcknad medicinare på sjukhuset. Han skulle med våld träffa en sköterska, som aldrig vistats härstädes. Jag försökte föra ut honom, men han var för knäsvag för att kunna forsla sig vidare, varpå jag slog mig i samspråk med honom. Han ledde samtalet in på kriget och det J.S.P[121], där han hade verkat, och frågade bl.a. om jag kände en karl vid namn Maury. Jag svarade "ein wenig"[122]. Och så berättade han:

" - Det var då en 'roskamies'[123]. Han kom till fronten med siden-snödräkt för att det var modernt i H:fors med sidensnödräkter. Och genast började han klaga över värk i magen och man kunde inte få honom att uträtta någonting positivt."

Efter några dagar, då de övriga läkarna blivit förbannade på Maury's mage (de trodde att han endast försökte undandraga sig allt arbete), så konstaterade denna medicinare "Appendicitis gangrenom" hos Maury. Läkarna slog vad om saken och drog långsticka om vem som ska plocka ut Maury´s maskformiga dito. Nå, de skuru upp magen på honom och drog ut en gangrenös blindtarm, som var på väg att spricka. Den berusade medicinaren, som sökte sköterskan, vann alltså vadet och Maury blev frisk och drog på sig siden-snökåpan och började arbeta med en iver, som gjorde de övriga läkarna häpna.
- Detta var historien om Maury med den vita siden-snödräkten.

Skriv återigen till din broder, som svarar när han ids. Hälsa Lipidus om du skriver.

Hej,
Thor-Ulf

---

[121] läkarstation vid eldlinjen

[122] en aning

[123] sopa, sophämtare

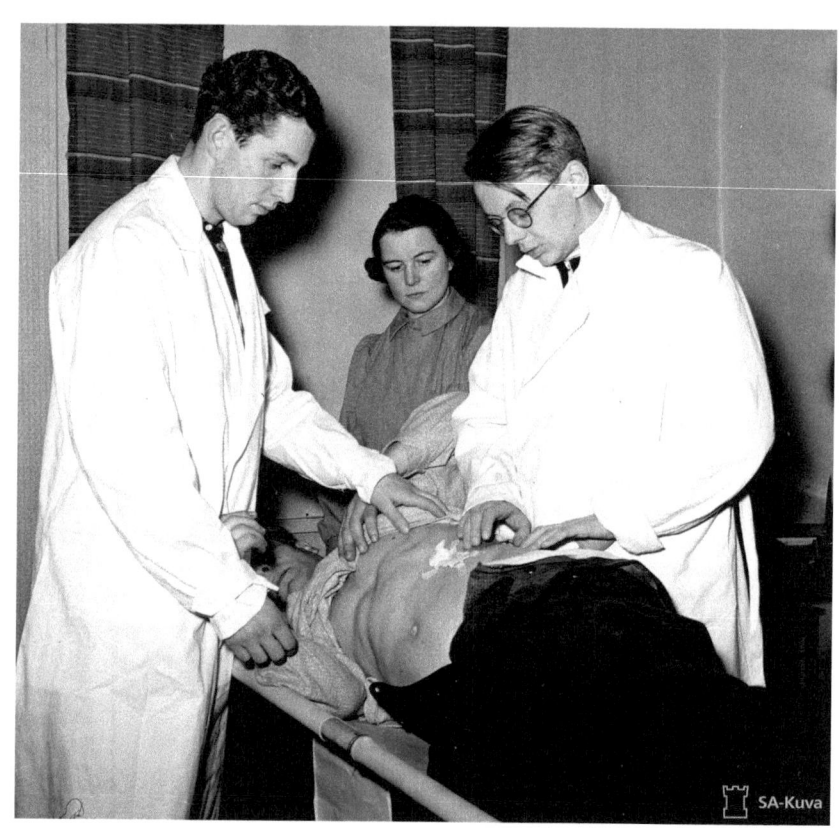

30. TAS OM HAND. SVENSKT FÄLTSJUKHUS I KEMIJÄRVI 1940.02.11.

Komplicerade operationer.
Tavastehus 30.5.1940

Föräldrar och syskon.

Jag har varit lat med brevförfattandet och dessutom är ens arbete av sådan art att man aldrig vet när man får vara ifred. Alldenstund min stil inte är tillräckligt läsbar så beslöt jag mig för att låta maskinen pränta texten.

Tiden går så hastigt undan, då det varje dag händer något nytt, som som man inte tidigare varit med om. Och en hel del har man lärt sig. Bl.a. sköter jag polikliniken så gott som ensam och skriver ut förlängda sjukpermissioner. Om det kommer något, som jag inte vet så söker jag upp de större förmågorna och frågar råd. Patientantalet har minskat - till c:a 60 st - och läkarna likaså. Så nu är jag allena med Dr. Leikkonen och får assistera honom vid blindtarms-, bråck- och andra operationer. En tåamputation har jag gjort allena.

Sedan den stunden jag vågade kritisera en äldre läkares diagnos på bråck, har jag vunnit kirurgen Leikkonens ynnest. Patienten kom in med diagnosen ljumskbråck och då jag på polikliniken undersökte ynglingen så hittade jag ingenting, som skulle tyda på bråck, men i stället någonting som liknade en växt på sädessträngen hans. Jag sade det åt kirurgen L. och när vi opererade individen så visade det sig att jag hade rätt. Personen led av en s.k. Hydrocele funiculi spermatici, alltså en vätskesvulst på hans funikel. Leikkonen fann det lämpligt att kasta bort titlarna mitt under operationen.

I går räddade kirurgen L. en lårbensamputerad karl från att förblöda till döds. Vi gjorde ett experiment att ligera både artär och ven högt uppe i ljumsktrakten. Därför läste vi först utantill lårets anatomi från min bok, som jag hade tagit med mig. Och så började vi skära upp låret på karlen och preparerade fram lårbensartären och venen, och så slogo vi tre tjocka catgut-knutar på dem och sydde fast såret. På kvällen fick gubben en halv liter blod av en ung och blodfrisk kvinna och nu mår han åtskilligt mycket bättre. Han skulle med allra största sannolikhet ha gått till sina förfäder, om vi inte gjort vårt experiment.

På lediga tider roar vi oss med att spela schack med kirurgen L. Han har i allmänhet ringa framgång på det rutiga brädet. I går var vi på en bondgård 6 km från staden och badade i en fin finnbastu, som låg vid sjöstranden. På bastun fick vi kaffe med korv, som hade baddats i bastun ovanför ugnen under det vi badade. Det var riktigt trivsamt.

Clara B.S.M.A. Gripenberg har redan lämnat oss och återvänt till Grankulla. Laban håller till på länssjukhuset alldeles på samma sätt som jag. Jag funderade på att komma och titta på den nya Apollogatans-lokalen i söndag efter en vecka. Annars har jag hört rykten om att klinikerna börjar i juli och med största sannolikhet kommenderas jag då till dem, så att i det fallet har jag bara en månad att vara här ännu.

Vad den där livförsäkrings-läkarundersökningen beträffar, så är den redan gjord och papperen skickade till Åbo. Vet inte säkert om det skulle göras så, men Dr. Ekholm ansåg att det brukades på det viset. Inte hittade han några svårare fel på mig. Hjärtat litet suddigt sade han, men han skrev ingenting om det. Lederna äro riktigt bra nu och blodsänkan var 3 mm och det anses ju som normalt, om man har under 10 mm.

En sköterska kom just och berättade, att vår experimentpatient behöver slå en drill och han kan inte göra det utan kateter, så jag måste väl sluta då och gå och titta till honom.

Faderväll nu då för den här gången och hälsa bekanta och må nu så bra och skriv,

sonen

Thor-Ulf

Avbrott på väg till St.Michel.
Koria 10.6.1940

Hej igen!!

Gissa var jag håller hus! Befinner mig hos Nils Granberg och hit
kom jag på lördagen. Jag for ju 08:26 från Helsingfors på lördagen
och anlände till Tavastehus vid 11-tiden. Kl 13:00 for jag med
kurirtåg till Kouvola via Riihimäki. Och när jag for över Koria bro
tänkte jag, att för fasen ids jag fara till St. Michel, när jag först på
måndagen skall anmäla mig där. Så att jag steg av på Kouvola station
och tog ett tåg tillbaka till Koria. Här var alla hemma och blev
synnerligen förvånade när jag stegade in och sade 'Päivää!'[124].

På lördagen vandrade vi omkring och tittade på bombgropar. Och på
huru stora bitar på åtskilliga tunnland av älvstranden rasat ned i
älven, så att trädtopparna bara syntes ovan vattenytan. Bron hade
blivit träffad av en mindre bomb, men den skadade mycket litet bron.

På söndagsmorgonen funderade jag på att det voro lämpligt, att fara
till Myllykoski och hälsa på Lilluri och jag åkte. Fick låna ett
cykelskrälle och trampade iväg 12 km och kom fram. Göran
Blomkvist var hemma och vi vandrade omkring på fabriken och
tittade på jättepappersmaskiner och på alla moderna bekvämligheter,
som de skaffat åt arbetarna där, duschrum och fina omklädningsrum
och en fin restaurant för personalen. Sedan sutto vi på
ingenjörsklubben och spelade billiard och schack, tills Lilluri kom dit
och sökte upp oss. Hon hade just kommit från en cykeltur till
Mankala-forsarna. Därifrån gick vi på bio och så for vi hem till
Blomkvists och drack te, och hade det gemytligt. Vid 1-tiden på
natten trampade jag iväg tillbaka till Koria. Nu har jag några timmar
på mig, sedan far jag vidare till St. Michel mot nya öden och

---

[124] Goddag!

"äventyr". Så att det har varit en synnerligen trivsam resa till 'Mikkeli'[125].

Min reskamrat lääket.kand.[126] M. Brander for på söndagen till Kajana och hälsade där på en gammal flamma. I dag skall vi träffas på St. Michels 'Seurahuone'[127] och så går vi tillsammans och anmäler oss. Såg på vår 'komentotodistus'[128] att Widenäs också kommenderats dit, så vi kommer väl att träffas där antagligen.

Nå ja, när jag nu nästa gång får mig väl placerad, så skall jag skriva sedan igen och berätta adressen.

Så ett hej då igen, **Thor-Ulf.**

(Morbror Nils Granbergs hustru Impi Amanda bifogade sina hälsningar, och garanterade att "pojken" hade varit på besök:)

Lämpimät terveisemme, pistin tässä vakuutteeksi että täällä on "pojunne"./Impi

---

[125] StMichel

[126] Med.kand.

[127] Societetshus

[128] Kommenderingsbevis

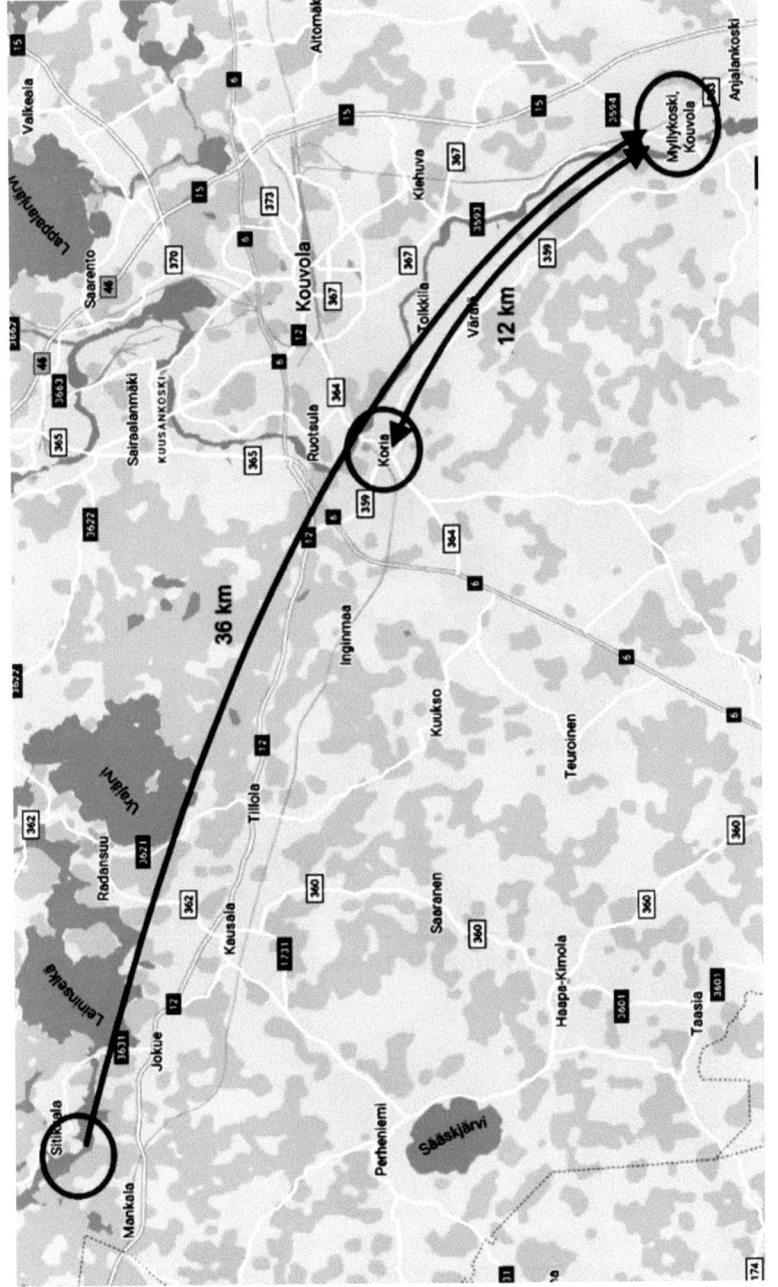

31. AVBROTT PÅ VÄG TILL ST.MICHEL. CYKELTURER: THOR-ULF 12 KM, LILLURI 36 KM. BÅDA T.O.R.

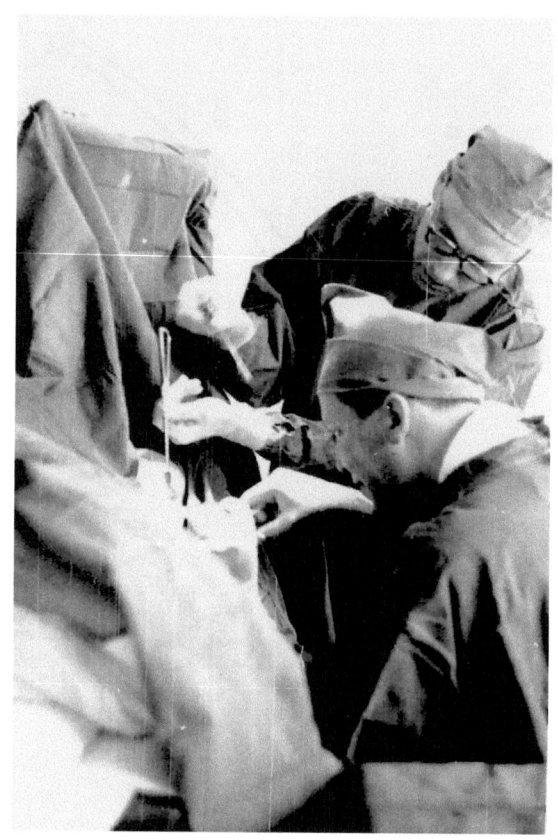

32. KIRURGER I ARBETE

Åter vid gränsen.
Joensuu 13.6.1940

Föräldrar!!

Man är åter vid gränsen, liksom för 9 månader sedan. Men nu väntar man inte krig med lika stor säkerhet som då. Och nu är man officer och det var man icke då. Jag vistas här i trakten av Joensuu, men åt öster en hel bit. En lustig och egentligen vacker natur med förskräckligt branta upp- och nedförsbackar. Dock har man ridhästar här, så jag får börja idka den gamla goda hästsporten här borta i fjärran öster.

Något speciellt läkararbete ser det ut som om jag inte skulle få de närmaste veckorna, men jag lär förflyttas till ett sjukhus i Joensuu, som inte ännu är färdigt. Nu fungerar jag som 'Divisionan läkärin apulainen'[129] och det blir för det mesta bara kansliarbete, så mina böcker tänkte jag skicka hem.

Det är möjligt att jag kan få permission ännu i sommar, men det är ju en så förbenat lång väg, att man knappast bryr sig om att åka av och an den vägen. Hitresan var rätt äventyrlig och lustig. Den där plötsliga trippen till Koria och Myllykoski var enbart trivsam.

I St. Michel var jag ett helt dygn hos med.kand. Rainer Nuutinen och fru. Han är min kurskamrat och gifte sig under kriget. Han vistas ute på Moisio 'Piirimielisairaala'[130] utanför St. Michel och fungerar där som 'apulaislääkäri'[131] på det 'sotasairaala'[132] som inrättats där. Det är ena förskräckligt fina och stora byggnader, som byggts åt

---

129 Divisionsunderläkare

130 Distriktssinnessjukhus

131 ST-läkare, underläkare

132 Krigssjukhus

"dårarna". Nuutinen och hans doktorinna bo där ute i privat villa och där firade vi en trevlig kväll tillsammans med Widenäs, som hamnade i Savonlinna, samt Junnu Anttinen, som kom till Nurmes, och Vilja Salovaara, som hamnade tillbaka i Lahtis, och dessutom medicinarna Pietilä och Brander. Vi övernattade där och sedan for vi vidare till Joensuu med Junnu Anttinen. Junnu for sedan till Nurmes.

Få nu se om man börjar trivas här. Misstänker att det går när det är sommar, men fy sjutton att vara här under vintern. Det känns nog litet som om man aldrig skulle komma härifrån.

Jag bor nu tillsammans med divisionens 'lääkintäeversti'[133] i ett hus som samtidigt är banklokal, men snart flyttar vi ut i tält i några veckor. Därefter kommenderas jag troligen till sjukhuset i Joensuu.

Min adress är

res.korn. T-U. Wbg,
K.p.k 28., K 5201

PS. Jag glömde en sak. Mina pengar, som jag så "köckades"[134] med i H:fors om att de skulle räcka till, ha minskat till den grad på mina äventyrliga sidosprång, att de håller på att sina. Om någon hundralapp skulle förirra sig hit på något längtat sätt, skulle det hjälpa mig ur knipan.DS

Hej igen/T-U.

---

[133] läkare med överstes grad

[134] skröt

Ryssarna marscherar - indragen permission.
Gränsen 18.6.1940

Hej, syster Poggo!

Jag sade ju, att det genast skulle bli förbannat, när jag kom till gränsen. Nu har ju ryssarna marscherat in i Litauen, Lettland och Estland. Få se vad de funderar angående Finland. Kanske man åter får gräva ner sig i jorden och passa upp för explosiva projektiler. Åtminstone hade jag för två dagar sedan anhållit om fyra dagars permission och tänkte till midsommaren avresa till Myllykoski (jag var ju där på hitvägen), men i dag fick jag budet att min permission, som redan godkänts, hade indragits liksom alla andras. Alla permissioner indrogs och tillsvidare. Det är ju typiskt för mig, när jag kommer till gränsen. Antagligen är jag en s.k. olycksfågel.

Mitt arbete är annars det mest själsdödande som kan tänkas. Att sitta och bokföra läkemedel, som går åt i divisionen och annat slikt skrivbordsarbete har blivit min dagliga sysselsättning. Hoppas jag får 'siirto'[135] med det snaraste, annars vet jag inte vad jag ställer till med.

Vill du veta vad som bäst passar in på karakteristiken för mitt tillstånd i detta nu. Som sjuksyster är du ju van vid fula kroppsdelar, så jag kan utan blygsel säga, att "vanha on kyrpiintynyt". Uttrycket härledes från det finska ordet för mannens könslem och används inom dragonregementet för att uttrycka, att personen ifråga är till maximum utled på alltsammans och livet.

Dock återstår några grader för att jag skulle gå till ytterligheter, som skulle leda till tråkigheter i mitt hälsotillstånd. Jag menar överflödigt begagnande av rusdrycker och kraftpiller i form av parabellumpistol-projektiler intagna direkt "per os och endocranialt". Det enda jag

---

[135] omplacering

tänker göra för att visa mitt missnöje, är att börja odla polisonger och kyssfångare.

Detta om mitt själstillstånd. Kroppsligen lider jag även av hettan och värmen. Jag bor återigen på en vind, men nu i egenskap av officer tillsammans med en aktiv kapten, som inte kan berätta om något annat än frihetskriget (1918) och det senaste kriget (1939-40) och om huru dragonerna stupade i massor här norr om Ladoga, bara för att de så utan skräck och rädsla, rusade på ryssarna oberoende av ryssens starka övermakt. Han förklarade att dragonerna voro mera än väl dumdristiga. Deras mod kunde han dock icke förneka.

Ja, jag talade om mitt kroppsliga lidande och om vindskupan jag bor i. Denna vindskupa är mer än het, då solen tycks koncentrera sig till det yttersta för att få asfalten att smälta på det varma taket. Till råga på allt, så har jag fortsättningsvis en olidlig aptit alldenstund officerarna här får den allra bästa mat, som man kan tänka sig.

Vid måltiderna sluter jag alltid ögonen och försöker glömma bort, att ansiktet dryper av svett och då tror jag mig alltid sitta vid ett julbord, för det är mest svinkött och rotmos som serveras. Dessutom leverpastej, tre olika sorters ostar, och präktig rysslimpa. Följden är att jag fetmar åter trots min kroniska "hyperhidrosis"[136], som angripit hela min kropp och trots att jag varje kväll bestiger en fet och präktig hästkrake, som egentligen är ett lastdjur, men som genom kriget blivit ridhäst. Med djuret ifråga gör jag trakten osäker, då jag roar mig med att ränna omkring längs vägarna i s.k. sporrsträck eller 'kiitolaukkaa'[137].

Vore mycket road av ett digert brev nu och då och med täta intervaller. Liksom på hösten så är det endast breven, som kan underhålla mig. Man kommer liksom att leva i en helt annan värld

---

[136] abnorm svettning

[137] galopp

långt bort från dessa ödemarker. Du kan ju uppmana eventuella bekanta att klottra ner några rader bara för att giva tidsfördriv och förströelse åt en gammal veteran från det senaste kriget. Jag svarar nog nuförtiden mycket flitigare, vilket ju alltid varit en följd av mitt själsliga depressionstillstånd.

Kanske jag slutar nu fastän arket ännu inte är fullskrivet. Jag hittar nämligen inte på någonting extra spirituellt mera.

Skriv då till brodern

Thor-Ulf.

Hej!!

Adressen är:

res. kornett Thor-Ulf Westerberg
F.p-k- 1
K 5201

Hej då åter!

33. HÄST UTANFÖR JSP-TÄLT.

Långsamma dagar.

Utanför Joensuu 23.6.1940

Hej!

Och tack för pengarna! De kom samtidigt som brevet och hade inte förändrats till sitt värde under vägen.

Tiden börjar gå något snabbare här i urskogen, men ännu har den inte fått den verkligt goda farten, som skulle göra tillvaron gemytlig. Den där känslan, att sanitetsöversten alldeles väl reder sig utan 'apulainen'[138] gör tillvaron pinsam. Det är endast på morgnarna, som vi har något att göra. Översten går igenom posten och jag tittar på, njutande av hans specialcigaretter "Työmies". Sedan äter vi, sover middagsluren ca 3 timmar, går ut och promenerar och så äter vi igen, och sover.

På kvällen rider eller promenerar jag och lyssnar på gökarna, som tycks överbefolka skogen. Sedan sover jag åter, och på morgonen börjar detsamma på nytt. Därför har jag funderat på att anhålla om permission för att tjära båtarna på Skrakatallen i Porkala. Översten är en hygglig karl, så han inser nog att båtar måste tjäras. Kanske det lyckas.

Till midsommaren tänkte jag anhålla om permission för att fara till Myllykoski, men då var det permissionsförbud för alla. En försiktighetsåtgärd tydligen på grund av utrikespolitiken. Annars så utvecklar sig kriget i väster med blixtsnabbhet, så kanske Hitler snart har rensat upp Europa så småningom.

Det var för övrigt otur med Gunvor Lutz, som sökte döden i havets böljor. Så kan det gå när man flyger högre än vingarna bär. Kanske var det bra så, för de ha väl det knappast så trevligt i Estland nuförtiden.

---

[138]assistenten, underläkaren

Tja, nu ikväll är det midsommarafton. Förra gången var jag i stallvakt hela natten. I år får man väl rida ut till skogs och söka en lummig bergsknall och sitta där och höra på göken, när hästen frossar på färskt gröngräs på sluttningen. Kanske det kan vara rätt så trivsamt och fridfullt.

Nåja, hej då åter,

Thor-Ulf.

34. VILA. 1941.07.28.

"Ansträngande" arbete och fotografisk konst.
4.7.1940

Heil!!!

Då min arbetstid för i dag är till ändalupen, skall jag fördriva tiden med skriftställeri. Jag arbetar bara en timme om dagen, d.v.s. sitter och tittar på när min förman arbetar. Därefter är jag ledig. Denna verksamhet kommer väl att fortgå ännu 4 veckor, varefter jag infinner mig i H:fors för att vidtaga kliniska studier. Den 1:a augusti måste jag anmäla mig på universitetet för fakultetens dekanus. Men dessförinnan ämnar jag anhålla om permission för att få vila efter det "kraftansträngande" arbetet jag har här.

På midsommardagen var jag hos byns enda fotograf och innehavare av byns enda kamera och han förevigade mig svettig och uppsvälld på grund av den rådande hettan. Då jag nu skaffade ett antal av dessa bilder, kan du ju få en. En måste man väl skicka hem och en har jag redan avsänt till Brita G. alldenstund hon saknar sällskap på epidemi-sjukhuset. Så finns det tre bilder kvar, som jag inte ännu vet vart de kommer. Inga-Lill ids jag inte skicka till, för hon har väl tillräckligt mycket bilder av krigiska karlar.

Apropos bilder och och fotograferingskonst så besökte jag häromdagen ortens ungdomsföreningslokal, där den ambulerande biografen visade "Jägarens brud" med Tuulikki Paananen. Märkvärdigt så skön Tuulikki förföljer mig. I Lappeenranta fanns hon livslevande och ända hit tycks hennes vålnad söka reda på mig.

Du lider, Poggo, av storhetsvansinne, som tror att ingen annan kan giva narkos på Maria sjukhus utom du. Vad skulle det nu vara för en stor risk att inöva en ny elev att söva patienter. När kommer du förresten till dårhuset, jag menar på kursarbete. Det blir inte lång tid då mera, om du efter tre månader är färdig att flyga ur boet.

Jaså, Lipidus skulle vilja till Stengård när Röda Korset släpper henne. Huru är hon så fantasilös? Jag önskar mig alltid någonting alldeles nytt, någonting som jag inte sett förut. Att det skulle vara trivsamt för en del parter, misstänker jag nog. Dock kommer hennes existens att irritera mig för mycket, om hon vistas i huvudstaden samtidigt som jag gör det. Det blir bäst att sluta sig inom sitt skal och isolera sig från allt umgänge med damen. Du behöver inte misstolka mina känslor. Det finns ju en del damer, som äro absolut lika angenäma och kanske t.o.m. mycket mera trivsamma, men vilkas närvaro inte verkar alls hopsnörande på min strupe, och vilka inte ger mig känslan av att jag skulle vara orakad, med oborstade skor, och blank byxbak och byxnappar öppna, när jag sitter i deras sällskap. Och det är så jag känner mig i Lipidus' sällskap'. På akademens konsert, då jag träffade damen vid supén på kvällen, kände jag mig som en clown iklädd frack, en skrattretande typ från någon landsortscirkus.

Ja, á propos min eventuella permission, tror jag att jag far till Porkala och börjar plocka upp fisk med långrev. Dock har jag ingen aning om vem som skulle komma och hjälpa till med att ro, och överhuvudtaget vad där finns för människor.

Dock, jag fick ett brev. Brita Gefwert har blivit utsläppt från epidemi-sjukhuset och far till Porkala. Men hon är antagligen skröplig och föga användbar vid storfiske. Kanske man måste slå sig i slang med Inga Häggström och börja sälja åt Tötterman och sedan dela bytet.

Igår var jag på en 10 km lång ridtur ute i terrängen, då plötsligt hinken slog läck och det började flöda vatten ned på mitt riddjur och mig själv. Jag sporrade djuret och red i vildaste galopp till en militärförläggning, där jag lånade en svart regnrock. Därefter vände jag hemåt. Det var kväll och vattnet öste som från en så. På vägen mötte jag en kohjord, som en vallpiga försökte styra in i ett fähus.

Korna är ju synnerligen obegåvade djur, varför de greps av panisk förskräckelse, då jag uppenbarade mig på mitt frustande djur som en svart vålnad. Ett av nötkreaturen satte av i galopp framför mig och sprang åtminstone en km utan att inse, att ett hopp in i skogen skulle ha räddat situationen för kons del. Slutligen avlämnade kon överflödig barlast i form av ångande kopannkakor och fortsatte sedan galopperande in på en skogsstig och försvann. Min häst måste ha njutit av förföljelsen, ty den gnäggade och frustade vilt av belåtenhet, när jakten var över.

Hej då,

Thor-ulf

35. RIGÅRDSNÄS

Befrielsen och dans på Rigårdsnäs och Bergåsa.
Helsingfors 29.7.1940

Heil, oo Poggo!

Tack för brefvet. Det kom för en massa dagar sedan, men jag har inte brytt mig om att svara, emedan jag känt mig som en katt, som tänker yngla vilket ögonblick som helst. Jag har inte diarrhéa, utan min väntan på befrielsens stund har haft en sådan inverkan på mitt själstillstånd.

Idag kom det förlösande budet. Jag blir befriad och klinikerna börjar den 15 augusti. Dock tror jag att jag blir tvungen att anmäla mig den 1:a augusti, så om den lyckan är god, infinner jag mig i vår hufvudstad den 1:a. I alla fulla fall kommer jag till den 15:e.

Men min värnpliktstid är dock inte slut, utan jag måste avtjäna resten av tiden, när klinikerna inte pågår. Möjligen drager man på sig de röda åter i nästa sommar.

Du har väl lyckats få veta, att jag befann mig i Porkala på en veckas ledighet. Jag brydde mig inte om att träffa din personlighet alldenstund jag befann mig i H:fors den 14/7 1940 mellan kl. 06 och 10.30, samt den 21/7 1940 mellan kl. 11.00 och 14:45, alltså summa 7 timmar 15 minuter under hela min permission.

Vi dansade på Rigårdsnäs och Bergåsa alldeles efter gammalt mönster och Lilluri förförde mig och förbryllade mig så till den grad, att jag oemotståndligt förförde henne. Och jag som trodde, att vårt brevskrivande var enbart en lek. Så nu är jag intrasslad i ett fångstredskap igen för en tid framåt tills någon förnuftig människa hjälper mig bort därifrån. Så går det alltid för mig i Porkala.

Det påminner mig lite om dina äventyr därstädes. Bara med den skillnaden, att du enbart upplever dina äventyr med Entog, tvåtog o.s.v.

Apropos, Ernst, så var han med oss till Bergåsa på det villkor, att Inga-Lill umgicks med honom. Därav blev dock intet. Hon höll inte sitt löfte, utan bedrog vår Entto. Och Skata-Kalle tycks ha ockuperat Lundströms Saga från Boris, så Boris talade enbart om flickorna i Lovisa.

Börje gjorde sig till för en dam, som försökte förföra mig under resan upp till Bergåsa. Dock lyckades han föga trots sina breda axlar och dessutom uppstagade rockaxlar.

Som av beskrivningen framgår, är jag slattrig och uppsluppen som en katt, som just ynglat, alldenstund min dom anlände för några timmar sedan. Det var en glädjande nyhet , eller hur?

Skriv nu om du bryr dig. Jag slutar åtminstone nu och berättar resten sedan efter 2 veckor.

So long! I´m going to the breakfast,

Your Brother,

Thor-Ulf

Borttappade medaljer.
Helsingfors 31.1.1941

Vid Nylands Dragonregemente upptäckte man att Thor-Ulf inte hade fått sin hedersorden/medalj för tjänstgöringen under vinterkriget såsom en följd av att han den 2.1.1940 blev förflyttad till RUK (reservofficers-utbildningen). Här skrev regementet till Thor-Ulfs fader och frågade om han har blivit uppmärksammad med en hedersorden från annat håll.

UUDENMAAN RAKUUNARYKMENTTI

Kom.tsto.

№ *342.*/ I / 15.

Koskee: kunniamerkkiehdo-
tuksia.

31.1.41.

2 AE/UN.

Herra Anton V e s t e r b e r g

Helsinki,
Pitkäsillanranta 11A

    Koska rykmentissä sodan aikana palvellut poikanne Thorulf Viking Vesterberg 2.1.40 siirrettiin RUK:uun, eikä hänelle rykmentin puolesta aikaisemmin ole ehdotettu kunniamerkkiä, tiedustelee rykmentti onko teillä tiedossa, onko hänelle mahdollisesti ehdotettu kunniamerkkiä jostain muualta.
    Vastaus pyydetään lähettämään paluupostissa, jotta rykmentti voisi lähettää a.o. ehdotuksen.

           ystä:
ntin adjutantin vs.
Vääpeli   A. Ellonen.

36. KONSTVERK OCH PRYDNADER UTANFÖR KORSU.
1941.09.24.

E. Fortsättningskriget

25 Juni 1941 - 19 September 1944

Fortsättningskriget, kriget mellan Finland och Sovjetunionen 1941-44. Kriget utkämpades tillsammans med Tyskland, och förutsågs i den stort upplagda fälttågsplan (Operation Barbarossa), som Hitler hade förberett sedan sommaren 1940. De politiska omständigheterna kring Finlands inträde i kriget var särskilt under 1970- och 80-talen föremål för diskussion (drivvedsteorin), och därefter åter kring sekelskiftet 2000, då omständigheterna i samband med Moskvafreden 1940 debatterades.

Starka tyska stridskrafter koncentrerades i början av juni 1941 till norra Finland, och 15/6 underställdes de finländska trupperna norr om Ule träsk operativt den tyska Lapplandsarmén. Då Tyskland anföll Sovjetunionen 22/6 förklarade sig Finland till en början neutralt, men sedan de sovjetiska luftbombardemangen några dagar senare antagit kraftiga proportioner, deklarerade riksdagen 25/6, att Finland åter befann sig i krig.

De finländska trupperna, som i början av kriget hade en numerär av ca 475.000 man (i krigets slutskede 1944 hade Finland ca 530.000 man under vapen), leddes av fältmarskalk Gustaf Mannerheim. Han hade redan under vinterkriget förlagt sitt högkvarter till S:t Michel (Högkvarteret).

Mannerheim förhöll sig till en början avvaktande, men 10/7 inledde Karelska armén under befäl av generallöjtnant Erik Heinrichs en offensiv i Ladogakarelen, som i två skeden ledde till erövring av områden långt bortom 1939 års gräns. I början av december 1941 befann sig hela näset mellan Ladoga och Onega inklusive bl.a. den östkarelska huvudstaden Petrozavodsk (erövrad 1/10, under den finländska ockupationen omdöpt till Äänislinna, se Östkarelen) och Karhumäki köping (erövrad 5/12) i finländska händer. Fronten mot sydost stabiliserades redan i början av september vid floden Svir.

På Karelska näset vidtog operationerna i augusti. I början av månaden (8/8) uppnåddes där Ladoga, varefter de finländska trupperna stötte vidare söderut över Vuoksen 18/8. Samtidigt påbörjades ett flankerande anfall i riktning Viborg, som erövrades 29/8. En sovjetisk division inringades vid Porlampi, varefter Karelska näset rensades; denna offensiv avstannade 5/9 ca 30 km från Leningrad. Frontlinjen sammanföll därefter delvis med 1939 års gräns. Marinbasen i Hangö utsattes från krigets början för belägring, och de sovjetiska trupperna bortdrogs de första dagarna i december 1941 (Hangöfronten). Från norra Finland och Lappland gjordes flera rätt planlösa framstötar i avsikt att avskära Murmanskbanan, vilket dock inte lyckades vare sig för tyskarna i Petsamo eller för gemensamt opererande tyska och finländska förband längre söderut. Överbefälhavaren förbjöd i början av november 1941 vidare större operationer i denna riktning för de finländska truppernas del.

Sedan krigets offensiva skede avslutats, började ett ställningskrig som varade i inemot 2 1/2 år. Den finländska krigföringen var fr.o.m. årsskiftet 1941-42 defensiv. Bakom fiendens linjer opererade av Högkvarteret utsända fjärrpatruller.

Under första halvåret 1942 anföll Sovjetunionen med betydande styrkor på Maaselkä- och Aunusnäsen samt på Kiestinkiavsnittet i norra Finland, dock utan att nå bestående framgångar. Aktiviteten mattades därefter av även på sovjetiskt håll.

Från finländsk sida hade man från början hävdat, att Finland förde ett separat krig som inte borde ställas i samband med det pågående storkriget. Under intrycket av den snabba tyska framryckningen i början av fälttåget framväxte dock bl.a. inom den finländska politiska ledningen planer på förverkligandet av ett Stor-Finland. Erövringen av Fjärrkarelen motiverades med strategiska skäl; sjöpassen mellan Seesjärvi och Onega samt mellan Onega och Ladoga erbjöd enligt militärledningen bättre försvarsmöjligheter än ställningar vid den gamla gränsen.

Sovjetunionens västliga allierade sökte genom politisk påtryckning förmå Finland att avstå från offensiv krigföring, och då man inte såg sin önskan uppfylld förklarade Storbritannien och vissa av dess dominier krig på självständighetsdagen 1941. Relationerna mellan Finland och USA förblev däremot relativt goda fram till sommaren 1944. Tyskland å sin sida framförde upprepade gånger önskemålet att Finland skulle anfalla Leningrad, vilket den finländska krigsledningen dock inte gick med på. Däremot anslöt sig Finland redan 25/11 1941 till

Antikominternpakten, Tysklands och Japans mot den
internationella kommunismen riktade förbund.

P.g.a. de annorlunda politiska konstellationerna - Finland kämpade
nu på det nazistiska Tysklands sida - var viljan i Sverige att delta i
striderna inte lika stor som under vinterkriget (Svenska
frivilligkåren), men svenska frivilliga befann sig under hela kriget
vid fronten. I krigets slutskede uppsattes även ett regemente av
estniska frivilliga. Ett mindre antal representanter för s.k.
frändefolk i Ryssland deltog vidare i fortsättningskriget på
Finlands sida, liksom även en handfull norrmän.

Ref.: https://www.uppslagsverket.fi/sv/sok/view-103684-
Fortsaettningskriget

37. RYSSKORSU BYGD 1939-40. ERÖVRAD 1941.07.20.

I ryss-korsu vid gränsen
Gränsen 26 juli 1941

Då Tyskland hade inlett sitt anfall mot Sovjetunionen 22.6.1941 uppgav
sig Finland vara neutralt. I norra Finland fanns likväl tyska trupper. Till
sin förvåning var finländarna enligt den dagorder, som Hitler givit vid
krigets utbrott, i samarbete med tyskarna. De sovjetiska
luftstridskrafterna anföll Finlands territorium. I huvudsak hade man
flygfälten som mål, men en stor del av bomberna föll inom tätorterna.
Då Sovjetunionen 25.6.1941 bombade femton orter i Finland med nära
på 500 flygplan, såg sig Finland på nytt vara i krig mot Sovjetunionen.

Hej på eder!!

Strängt taget onödigt att skriva, när det ändå inte tycks komma fram,
men man kan ju försöka. Edra brev har börjat komma, men i alla
grälar ni på mig att jag inte skriver, fastän jag räknat till 5 - 6 st. i
början av fälttåget. Har nu hållit en längre paus med skrivandet för
att vänta om de slutligen kommer fram. Inga-Lill fick ju fort mitt
brev, det märkte jag av att "Husis"[139] har nu ett par dagar hittat fram
hit till min 'korsu'[140]. Dessutom min sanitetssergeants "Uusi Suomi".
Dock har hon läst fel hans titel och värdighet och skrivit lääk.korn.
(kornetti), vilken grad ännu inte förekommit i vår armé. Hans grad är
nämligen 'lääkinta-kersantti'[141]. Men strunt i det, han får ju sin
tidning och är mer än nöjd, liksom jag med Husis.

Sedan senast har vi flyttat längre fram och bor nu i en rysk 'korsu',
som är byggd av flera lager 30 - 40 cm. Det säregna med vår förra
bostad var, att så fort vi lämnat det, ansåg ryssarna den som lyx och

---

[139] Hufvudstadsbladet

[140] Nergrävt bombskydd

[141] Medicinare med sergeants militära grad

överflöd och placerade några välriktade granater rakt på den, så efter detta torde ingen bry sig om att bo där.

För övrigt börjar man trivas med det här livet. Hela tiden nya sensationer och nervkittlande händelser. Det känns som man skulle äta starkt kryddad lutfisk. Lönen är rätt väl tilltagen med 1050:- i månaden. Idag får jag igen 525:- , så en hel tusenlapp kommer jag att ha säkert vid nästa 'tilidag'[142].

Har ingenting emot att vara med om ruljansen fast ända till 15 september då klinikerna kanske börjar igen.

Något extra har jag inte att förtälja. Rätt unikt är kanske det att vi beslöt att steka munkar en natt av ryssmjöl. Jag har ju varit med och tittat på hos Nurmijärvis huru det går till, så vi blandade ihop deg av mjöl, vatten jäst och socker och smör och så lagade vi bollar som vi stekte eller kokade i flott. Vi har nämligen primus. 3-4 tiden på natten var munkarna färdiga och så kokade vi morgonkaffe och njöt av bakverket.

Skriver mera en annan gång. Måste för andra gången vaccinera våra krigsmän mot tyfus idag. Så att hej så länge.

Thor-Ulf.

---

[142] löneutbetalning

Fångade fem ryssar!
Vid eldlinjen, 3.8.1941

Farsgubbe!

Tack för brevet som kom häromdagen. Det har varit en vecka på väg. Underligt förresten, att breven kommer först efter en vecka, men "Husis", som Cebor[143] prenumererade åt mig kommer följande kväll vid 5-tiden ungefär. Det vore bra om vi skulle få såväl "Husis" som "Uusi Suomi" hit ännu en månad, så att om Inga-Lill skulle kunna gå och förnya prenumerationen. "Uusi Suomi" skulle komma under adressen: lääk.kers. Heikki Otranen, och adressen samma som min. Han har redan betalat mig för det blad som nu regelbundet kommer till honom.

Orsaken till mitt vakande är, att våra batterier, artilleriet, för ett sådant sjudundrande oljud att ingen djävul kan sova. Inte ens jag, fastän jag i allmänhet anses här som rätt lugn och inte bryr mig om varken vårt eget oljud eller ryssens, alltsedan mitt första elddop för den här gången för mera än en månad sedan, då en gubbe fick en granatskärva genom benet, då han låg mellan fötterna på mig.

Vi har återigen flyttat framåt. Min butik ligger bara 150 - 200 meter från vännen Ivan. Men han har planterat minor emellan oss i sådan mängd, att han inte vågar sig ut den vägen. Han befinner sig sedan i går i en 'motti'[144], som vårt artilleri nu håller på och hackar till sillsallat med rysslök.

Min bostad är den här gången en rysk 'korsu' med så kraftigt tak att inte ens en fullträff från en 6-tums granat kan få hål i det. 'Korsun' är rymlig, en avdelning 4 x 10 meter och en annan 4 x 4 m, samt till

---

[143] Syster Inga-Lill

[144] Inringning

taket 2 meter. I den större avdelningen har vi mottagning och i den lilla sover vi. I morgon eller i övermorgon är väl 'mottin' mogen att tagas och då är jag igen ca 6 km bakom eldlinjen.

Hade just en paus i skriveriet och klockan är nu halv 2. Under den här tiden har jag hunnit ta 5 ryssar till fånga. Var nämligen ute vid eldlinjen i en maskingevärsställning och tittade med kikare över till ryssarna på andra sidan om en liten öppning. Plötsligt får jag syn på 5 st karlar, som vandrar längs vägen på andra sidan. Jag ropar genast åt en översergeant att "Fem iivanor är i sikte. Skall vi inte låta maskingeväret taga kål på dem!". Han trodde det var egna. Men de kom allt närmare och vi kände igen Ivan. De var utan gevär, säkert på väg att ge sig frivilligt, så vi lät dem komma ända fram till vårt skogsbryn och så ropade vi med ens: "Ruki verch, tavaritch", och genast flög 5 par armar upp i vädret och de svarade "skjut inte" på ryska. Vi hade alla gevären och pistolerna riktade mot dem när vi synade fickorna.

När det var undanstökat bjöd vi på cigarretter. En hade just börjat rulla sin egen tobak, men kastade bort den, när han fick "Töömmies"[145]. En bjöd åt mig ryska papyrosser och jag rökte dem. Den var inte förgiftad. Ryska tändstickor fick vi en hel bunt.

En av dem hette Aminoff, en annan Filipoff, de andra minns jag inte. En var ukrainare, 2 st vitryssar från Smolensk och Visma, en från trakten mellan Moskva och Ural, den 5:e kunde inte visa på kartan varifrån han var kommen. Han verkade primitivast av dem alla. Översergeanten och jag förde dem undan bakom linjerna och skickade dem vidare. De här var de första frivilliga från våran 'motti' och jag hade den stora turen att vara med om att "taga dem till fånga". Snart börjar det väl komma andra.

---

[145] Työmies - finsk tobak

38. FÅNGADE RYSSAR.

Så att det är rätt så intressant och sensationellt så här långt framme. När vi sedan slutligen rensar 'mottin' så tänkte jag taga en massa krigsbyte med mig.

Á propos, paket som jag kom att tänka på just nu då en rysk granat surrade över våran 'korsu' på väg till våra tappra batterier, så tager jag gärna emot sådana. Kaffe och te äro välkomna om det bara finns att få. Allt möjligt annat sådant i stimulans- eller njutningsmedel också. En ylletröja vore bra nu när nätterna bli kallare och luften i sådana 'korsur' är rätt så rå. Och en regnrock, om den inte är alltför dyr. En sådan där svart gummiregnrock, som officerare använder, så skulle den vara mera än välkommen. Blev nämligen rätt så genomvåt här om dagen och min mantel håller inte vatten.

Cigaretter får man nu från Soldathemmet, som ligger en 10 km bakom oss. Dessutom har Brita Gefwert skickat åt mig Töömies och "Klubb 7"[146], och ett paket kaffe är på väg som hon skickat. Hon skickar våldsamt mycket brev åt mig och jag svarar naturligtvis. De kommer varannan eller var tredje dag. Har alltid nu och då skickat hem brev och misstänker att de småningom kommit fram. Laban har skrivit att han är på ett 'Kenttäsairaala'[147] och har hyrt sig en våning i närheten, där han bor med sin unga fru Ulla född Svedlín. Jalle befinner sig i eldlinjen och gör patrullfärder över på ryska sidan. Han är som skapt till det, då han en gång är en av Finlands bästa orienterare.

Något annat har jag inte nu på hjärtat. Skriver nu sedan igen när jag får skrivarklåda eller om jag får brev.

Så att, hej då så länge!

Sonen.

---

[146] Klubi 77 - finsk tobak

[147] Fältsjukhus

Världens raraste lotta!
Bortom gränsen, 4.9.1941

Hej, föräldrar!

Bliven ej förskräckta, och given
icke bann (enligt Troberg), men
eder son har förlorat det lilla uns
av förstånd, som ni begåvade
honom med vid hans tillblivelse.
Han tänker nu alldeles i dagarna
avresa på permission till närmaste
stad på andra sidan gränsen och
uppsöka en guldsmedsaffär
tillsammans med världens raraste
lotta, fröken Anneli Carlsén. Vi
har ansett det som en självklar
sak, att vi skall göra så. Strängt
taget har vi knappast kommit
överens om det, men ändå gör vi
det antagligen av en medfödd instinkt. Vi har nu under två månaders
tid lärt känna varandra och under de senaste veckorna ha vi
tillbringat vår lediga tid tillsammans på ett sätt, som ingen kan
missförstå. Något felsteg ha vi inte gjort, för Anneli är en alltför
dygdig och fin flicka, för att hon sku' kunna tillåta något sådant.

39. ANNELI CARLSÉN, LOTTA

Kanske jag måste presentera henne för eder. Hennes farfar ankom till
Finland från Norge och slog sig ned här i Viborg. Hennes fader är en
rik affärsman, som blev bortkörd från Viborg före kriget. Sedan dess
har de bott i H:fors om vintern och i Rantasalmi nära Nyslott om
sommaren. I Rantasalmi har de hästar, kor och höns, samt några
hundar.

Anneli är synnerligen intresserad av husdjur och hon kan dem utantill. Hon har själv haft rävfarm och raskaniner. Hon kan allt om dem, när det är bäst att flå dem, huru man preparerar skinnet m.m. Hon är mycket intresserad av ritt. Har gått i ridskola i i H:fors. För övrigt har hon gått 8 klasser i skola, gått i handarbetsskola i Högvalla m.m. Sådan är hon till sitt yttre. Till sitt inre är hon precis sådan, som jag haft som ideal. Trots hennes intresse för djur och ritt, så är hon synnerligen kvinnlig och behaglig, snäll och rar, och det viktigaste är att vi tycker mer än lovligt om varandra.

Jag har inte skrivit på länge, för jag har levat som i ett rus från vilket jag inte velat väckas. Men har tänkt, att jag måste skriva huru glad och lycklig jag känner mig. Ni känner säkert inte igen denna sida av mig. Att jag skriver på det här sättet, men jag hoppas att ni begriper huru det hänger ihop. Hon har inte alls försökt hamstra mig, för i början trodde hon att jag flirtade med henne och det tålde hon inte alls. Sedan en kväll var hon så svag att hon i misstag kom att visa, att hon tyckte om mig och det ångrade hon flera dagar efteråt, för hon trodde allt ännu, att jag bara flirtade. Men till slut kom hon underfund med mig och bekände, d.v.s. vi bekände båda, huru vi från första stund tyckt om varandra.

Några veckor senare, alltså för någon dag sedan gjorde vi det ödesdigra beslutet att aldrig i livet förlora varandra. Och för att sätta sigill på vårt beslut, far vi på permission för att köpa ringar. När vi sedan tager det följande, det verkligt viktiga steget får framtiden utvisa, men jag tror att man inte kommer att orka att vänta alltför länge trots att inkomsterna äro på den negativa sidan. Hon vet allt hur det står till, så ingenting kommer att bli någon överraskning för henne.

Nu måste jag kanske berätta var jag befinner mig. När det är så långt bakom fronten så gör det väl ingenting, att jag säger Lahdenpohja. Där har jag varit sedan denna ort intogs av de våra. Och antagligen

blir jag även här. Nu har jag haft ett förskräckligt arbete, då inga
läkare finns på nära nejder. Ända från Elisenvaara och Sordavala har
jag fått patienter. Av civilpersonerna brukar jag taga ett litet arvode
så jag får tobakspenningar. Mest är det olycksfall och inre
medicinska fall. Från fånglägrena kommer ryssar på mottagning.
Sådana vanjor, som ännu ströva omkring i skogarna, blivit fasttagna
och ofta äro sårade, bruka vi sköta om.

Jag bor i en villa omslingrad av vildvin (har själv valt ut den), med
tre rum och kök i nedre våningen och tre rum i övre, alltså sex rum
och kök. I nedre våningen är ett rum mottagningsrum. En sal har jag
för feberpatienter och i det tredje rummet bor jag själv med
lääkintäkersantti Otranen. I övre våningen bor våra sanitetssoldater.
På gården ha vi en bastu med en liten förstu, kring vilken växer
humle, och så har vi en trädgård med vinbärsbuskar och hallon. Där
finns mycket bär ännu. Vinbärssaft och gelé har vi kokat och lagt i
burkar. Möbler har vi evakuerat från köpingen, så vi har det riktigt
hemtrevligt. Här sitter vi om kvällarna med Anneli och dricker te och
äter rysskex med vinbärsgelé, som vi själva kokat. Sockret är också
ryskt.

Alldeles i dagarna flyttar vi till ett sjukhus med 150 patientplatser.
Det ligger 2 km från min vildvinsvilla på ett kasernområde, där
"Rykmentin murheenkryyni"[148] filmades. Ett vackert ställe. Där får
man säkert göra små operationer. Här på min privatmottagning har
jag redan vågat sy ihop sönderkluvna läppar och andra stora sår,
dragit ut tänder m.m.

Så att som ni inser, börjar solen åter gå opp för mig om allt bara får
bli som det nu ser ut att bli. Jag är så opp i affärerna här, att jag
knappast kommer ihåg att skriva brev till någon. Permission till
H:fors längtar jag just nu knappast efter, fast roligt skulle det vara att

---

148 "Regementets sorgebarn" (1938)

komma hem ett tag. Nu väntar jag bara på den dag då vi far till Savonlinna med Anneli.

Hoppas att ni inte tycker, att jag är tokug och fånig.

Många hälsningar från sonen

Thor-Ulf.

P.S. Kalsonger och skjortor behöver jag huru mycket som helst. Regnrock likaså. Så att om det bara finns att köpa så är jag hemskt glad om dom kommer. D.S

40.OFFICERARNAS SOLDATHEM I ÄÄNISLINNA 1942.03.01.

Bondgård och fiske vid Onegasjön!
Äänislinna (Petrozavodsk) 6.10.1941

Föräldrar!!!

Har inte skrivit på länge emedan jag åter har varit på krigsstigen.
Den första dennes reste Anneli och jag iväg mot öster och
tillryggalade närmare 300 km med bil, tåg och återigen bil innan vi
voro framme i denna märkvärdiga kolhosstad. Ni har väl hört, och
läst att finnarna erövrat sin första ryska stad. Så ni vet nu vart vi tagit
vägen.

Det var egentligen Anneli, som skulle följa med hit som
'toimistolotta'[149] för hon skriver maskin säkert mycket bättre än
"Cebor"[150]. Jag skulle ha fått bli på mitt sjukhus i 'Lahdenpohja'[151],
eller även var det frågan om att jag skulle få kommendering att
'perusta'[152] sjukhus på Valamo[153] eller Konevits, när en gång vårt
JSP[154] var med om intagandet av dessa Ladoga öar. Men när Anneli
drog i väg mot Ural så följde jag med, när en gång vår kommendör
också helst önskade ha mig kvar i sin 'porukka'[155].

Och nu sitter jag här vid stranden av följande stora sjö, Onega, mot
Vita havet. Vi körde genom ynkliga byar och köpingar. Stora
omålade, smutsiga stockhus finns här för det mesta, vanligen i två

---

[149] Kontorslotta

[150] Syster inga-Lill

[151] Lahdenpohja är numera stad och tidigare köping invid Ladoga i Ryssland.

[152] anlägga

[153] Valamo och Konevits är två öar i Ladoga med kloster sedan 1300-talet (Valamo)
resp. 1400-talet (Konevits)

[154] JSP (joukkosidontapaikka) =>en primärvårdsenhet under läkares ledning så nära
eldlinjen, som stridssituationen, terrängen och transportvägarna tillåter.

[155] Gäng

våningar. Rummen är små och spisel i varje rum, så det är antagligen kolhos-byggnader allesammans. Mitt i ödemarken kan man hitta ett sådant stort hus, antagligen skogsarbetar-kolhoser. Jag själv, tillsammans med Otranen, sergeanten, bor i ett envånings kolhoshus. På var sin sida finns fem rum och på andra sidan 10 rum. Vår flygel ser ut som följande figur:

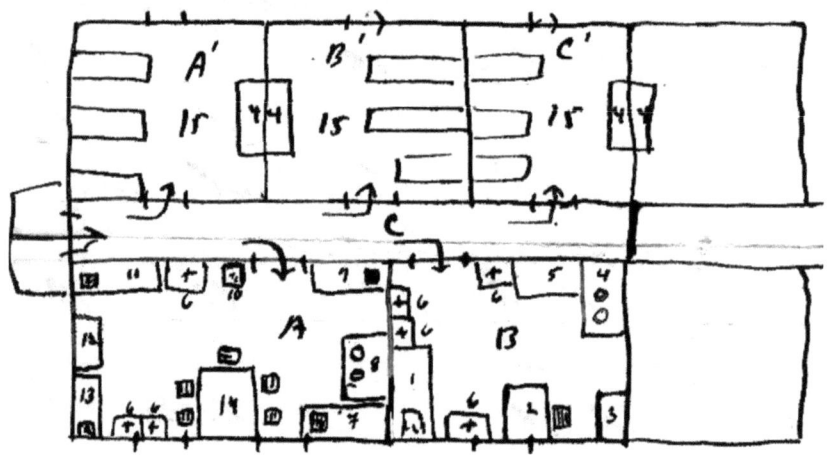

A: Otranens + bårbärarnas rum. Även kök och matsal.
B: Mottagningsrum + mitt rum.

1. Min schäslong
2. Mitt skrivbord (sitter just och skriver vid det).
3. Medicinskåp
4. Häll
5. Vedlåda
6. Sanitetslådor med instrument och läkemedel + förbandsmateriel
7. Sergeant Otranens säng
8. Kökshällen
9. Bårbärare Vilma´s säng
10. Tvättställ
11. Bårbärare Litmanens säng
12. Köksskåp
13. Bårbärare Millikainens säng
14. Bord
15. Sjukrum

Anneli kommer att flytta i rum C tillsammans med en annan lotta. Så vi bor alldeles som om vi sku' vara nygifta nybyggare. Hon har tagit fast två ryska getter, vilka hon mjölkar varje morgon och kväll, så vi får åtminstone kaffemjölk, någonting de andra inte har.

Getterna har vi i ett stall här på samma gård och vi matar dem med kålhuvuden från kolhos-kållandet. Vi sköter om vår egen mat här. Kål, morötter och potatis har vi från vår egen gård. Jag var härom dagen och rotade i ryssarnas lider och fäbodar och hittade 4 st nät. Två st fina siknät. Senaste natt lade vi ut dem och fick 5 st större braxnar och en 1 kg:s sik. Så idag mår vi bra på egen fisk och potatis. Anneli lagar redan maten. Jag tror att Onega sjö är rätt så fiskrikt.

Förresten kan jag berätta att jag hittat instrument, (ryska likn.) för en 2-3000 mk värda, och om lyckan är god så hämtar jag dem med mig till det civila. En massa läkemedel, av vilka man alldeles väl kan använda en stor del, har jag även fått tag i.

Á propos mina räntor på banken. Det vore bra att få uppskov med betalningen. Nog har jag något över 1000:- nu, men riktigt utan vill jag inte lämna mig, och så kan det ju hända att man slipper själv hem och kan betala dem, när jag har på känn att det här kriget inte bör räcka så länge mera. Fångutbytet och vapenvilan vid Engelska Kanalen verkar ju litet fredstrevare vad jag kan bedöma. Kanske jag räknar fel? Det vet man inte.

Och sedan paketen! Jag har nog fått moster Miilis, Nunnus och moderns paket fastän jag alldeles glömt bort att skriva om det och tacka. I går kom handskpaketet. Så nu har jag 2 par fingerhandskar. Ett par alldeles nya fina köpte min "svärfar" från Kotkantaipale Läder- och handskfabrik, som levererar handskar åt Stockmans. Regnrock behöver jag knappast sen mera, och det har ju inte heller regnat så mycket att jag har bra klarat mig utan. Men här på detta ställe är säkert vinterkölden rätt skarp, så en päls vore nu av nöden. Men om den blir för dyr, skulle vi försöka skaffa mig här en sådan.

Den här staden är nog en underlig stad. Mest ser det ut som i gamla Åbo, men så mycket värre, för här är ingen ordning på de söndriga, halvruttna träkojorna. Endast mitt i staden kring Lenintorget finns några stenhus i flera våningar där landsfiskaler och bolsjevikpampar bott. Kuusinens hus är riktigt förnämt och fint, så inte har han riktigt kunnat frångå överklassfasoner i detta arbetarnas paradis trots allt.

Till slut mår jag bra och har det härligt med mitt eget hushåll, min Anneli, min sergeant och 3 "apulaisia" (assistenter, hjälpredor). Det är så bara att styra och ordna, så går det som på en bättre bondgård, med inspektor och drängar. Här börjar jag få en försmak huru roligt det är att ha ett eget hem.

Nåja, hej då igen!

Thor-Ulf

40. RANTASALMI

Anfall över Onegas fjärdar!
Äänislinna 18.11.1941

Kära fader och moder!

Länge sedan jag senast skrev. Hoppas att ni inte har blivit oroliga, jag har nämligen haft så mycket annat för mig att brevskrivandet har blivit förbisett. För ett par veckor sedan hade jag kommendering till en infanteribataljon vid fronten, där jag vikarierade läkaren som hade permission. Med bataljonen följde jag en blåsig och stormig natt över en av Onegas större fjärdar med motorbåt till en stor udde som ryssarna ännu hade.

Vi kommo bra i land och ryssarna hade redan lämnat udden så att den intogs rätt smärtfritt av oss. Fyra ridande ryssar skjöto våra män ned i den första byn vi kom till. Där ställde jag upp mitt JSP i en byggnad, som innehöll utom boningsrum, stall, fähus, vedlider, källare och avträde under samma tak. I en boda hittade vi 20 kg vetemjöl, ca 7 kg socker, en flaska matolja och en burk svinflott. Alltså ingredienserna för plättstekning. Nämnda maträtt njöto vi av under en veckas tid 2 gånger om dagen. Förresten har jag skrivit till moster Miili och Sigrid och frågat om deras syltförråd är så rikligt att de kunde skicka åt Anneli och mig någon burk till plättsylt.

För övrigt leva Anneli och jag allt fortsättningsvis i samma lyckorus som tillförne. Vi veta knappast vad som sker omkring oss utom det som hör till vårt arbete. Jag knapprar förresten ned det här brevet på Annelis arbetsredskap. Hon ligger just nu hemma hos oss på JSP och vilar sig efter en arbetsam dag. Hennes fader och moder skrev till henne att de varit på besök hos eder. Det vore roligt att veta vilka saker ni talade om och huru ni sympatiserade med varandra. De skrevo att de åtminstone inte alls tyckte illa om eder och att jag liknade rätt kraftigt fadern.

Vi har funderat på att komma på permission till Helsingfors före julen, men inte som fästmö och fästman utan som äkta par. Kanske gör vi dumt, men vi känner oss ändå som ett sådant. Det är bara det allra viktigaste som saknas och det har vi beslutat att vänta med tills vi är gifta. Därför och för mycket annat också har vi beslutat att taga detta steg. Det må nu sedan gå huru som helst, huvudsaken att det går för oss båda på samma sätt. Jag tror nämligen att det ändå på något sätt ordnar sig. Det har ju ordnat sig för så mången annan före oss. Om ni tycker det att det är tokigt så skriv och förtälj.

Anneli påstår att hennes föräldrar lämnade ett fotografi av henne åt er. Är hon inte världens tjusigaste flicka. Om ni skulle känna henne så får ni se att hon är dubbelt så tjusig. Så att om lyckan är god har ni oss där nästa månad.

Det vore roligt att stifta bekantskap med systersonen och dennes moder, ty den sistnämnda är säkert inte mera samma "Poggo[156] som fordom. Och roligt blir det att se eder andra med, om Cebor[157] har givit korgen åt många tyskar och om Nunnu[158] vuxit och blivit damen redan.

Den sista tiden har jag åkt bil rätt kraftigt. Har nämligen fått en fullkomligt ny automobil till mitt eget förfogande. Det är en personbil, som redan i fabriken blivit ombyggd till ambulansbil med plats för en bårpatient och en sittande dylik förutom platsen bredvid chauffören. Med denna bil har jag gjort resor ända till 300 km per dag. Har nämligen ett så stort område att sköta om. Jag reser i dessa dagar på vaccinationsresa och vaccinerar då alla våra gossar mot smittkoppor och tyfus.

---

[156] Syster Thorborg

[157] Syster Inga-Lill

[158] Syster Birgit

I går, när jag gjorde en paus i min bilresa för att äta litet middag i en vepsby, kom en liten vepspojke på ca 7 år med en levande tupp under armen och frågade på vepsiska om jag ville inköpa fjäderfänad i och för förtäring. Jag köpte och i betalning gav jag honom några fanerbrödsskivor (knäckebröd) och en Työmies-cigarett som han tiggde om. Jag dräpte tuppen och i morgon skall vi steka den och njuta av dess kött.

På tal om civilpaket så fick jag paketet av modern redan och jag tackar synnerligen för att jag fick det varmt men inte hett om benen.

Kanske ni inte har något emot, att jag låter Anneli skriva brevet till slut med sin egenhändiga handstil så att fadern får utveckla sina sibylleanlag[159]. Dock avslöjade Annelis moder honom, då hon skrev att någon av Inga-Lills kamrater kände till henne. Men det är ju så att humbug alltid är med i spelet, om man ska vara en skicklig siare. Så att många hälsningar till eder alla från sonen

Thor-Ulf

Annelis tillägg:

"Jag ber om ursäkt, att Thor-Ulf inte skrivit på så länge, men jag skyller på det, att vi hava väntat bara på tillfälle att få permission, då vi tänkt vara först några dagar i Rantasalmi och sen komma till H:fors. Vi hade tänkt resa i början av december, men jag fick veta för en stund sedan, att mina möjligheter att få permission då äro mycket ringa. Jag hoppas att saken ändå ordnar sig.

Mina hälsningar

Anneli"

---

159 Thor-Ulfs fader Anton hade starka känslor för det svenska. Att Annelis modersmål var finska, kände sig Anton troligen inte helt bekväm med. Thor-Ulf fick uppenbarligen anstränga sig för att vara fadren till lags, vilket även framkommer av senare brev, och övertyga honom att hon även talade svenska.

41. ANNELI OCH SVÄRMOR ALLI VIKTORIA

**42. SVÄRFAR FRITJOF CARLSÉN OCH SVÅGERN
KAJ CARLSÉN**

Att separeras och giftas i krigstid!
Fronten 26.11.1941

Hej föräldrar!!

Ödet har skiljt mig från Anneli! Har blivit kommenderad nordostvart till en bataljon som varit utan läkare. Brigadläkaren sade, att jag får komma tillbaka när bataljonen har fått en egen läkare, men jag tror det är så brist om sådana, att jag knappast får träffa henne på en lång tid. Min permission gick även i plurret för den här sakens skull. Men om lyckan står mig bi, kan det ju hända, att vi få vigselpermission för vi blevo nog så fulla i fadren, att vi nu utan vidare beslutat oss för att fadern måste få hålla igång den där värmedynan. Därför skulle jag vara glad om ni så fort som möjligt skulle skriva och berätta till vilken församling jag hör, Esbo, Norra svenska, Tölö Berghäll eller Olaus Petri församling så jag kan skicka våra papper dit.

Hörde synnerligen goda nyheter här, att alla yngre kandidater skulle hemförlovas när klinikerna borde börja nästa termin i januari-februari skiftet. Då skulle Anneli och jag komma till H:fors. Hon skulle taga plats och jag skulle studera. Och om Sjömansgatans lokal då vore ledig skulle det vara fint. Ekonomiskt så ordnar det sig säkert, d.v.s. det får så illa lov att göra det. Anneli menade, att om jag klarar lokalen, så klarar hon vår föda och matlagning. Möbler får vi låna av svärföräldrarna, som har sina stadsmöbler utan begagning i H:fors. Det blir förstås ynkligt i början, men så roligt och intressant.

Nu kommer jag att skriva brev flitigare. Till Anneli skriver jag varje dag och hon tänker skriva minst två gånger i veckan.Vår bataljon marscherar just nu mot fronten och vi har slagit läger till natten. Brevet blir fult och klottigt när man skall ligga i tält och inte har hygglig bläckpenna och ordentligt skrivunderlag.

Hej då, på några dagar och må så bra, önskar

Thor-Ulf

43. FISKE PÅ ONEGASJÖNS IS. VÅRVINTERN 1942.

44. ANNELI MED MIDDAG FÖR DAGEN.

Förbenat kallt långt bort i öster!
Fronten 5.12.1941

Föräldrar och syskon!

Sitter i en by, som ligger nästan längst ut där det finns finska trupper. Jag sitter här och har ledsamt efter Anneli, som befinner sig ca 200 km härifrån. Det här är en avkrok, som ryssarna lämnade utan strid, men som naturligtvis måste besättas av våra trupper.

All 'yhteys'[160] hit är så dålig, att det räcker minst en vecka alltid innan jag får brev från Anneli. Vi skriver till varandra varje dag. Och för var dag som går blir vi allt mera övertygade om att vi måste så fort som möjligt gifta oss, annars tager fan bofinken. Inte före att vi på något sätt skulle ha biologiska skäl till det, men våra känslor mot varandra och allt vad därmed är besläktat är, tvingar oss till detta steg.

Vi har funderat på politiska och ekonomiska problem, som eventuellt skulle sätta krokben för våra avsikter. Vi har kommit överens om att rusa blint på, bara för så har säkert mången annan gjort före oss och till slut har det ändå blivit bra, så att vi litar på fru Fortunas ynnest och gör som vi redan beslutat.

Vårt hemspråk kommer att bli svenska och Anneli flyttar över till samma församling som jag. Inte tror jag alls att hon är omöjlig i språkpolitiska frågor, men för säkerhets skull har jag försökt gå försiktigt tillväga. Det viktigaste och mest aktuella för tillfället är i vilken församling jag är kyrkskriven. I nästa vecka har vi för avsikt att skicka våra papper till församlingarna så de sedan får det klappat och klart. Alltså, om ni inte redan skrivit och berättat var jag är kyrkskriven, så beder jag er vänligen att snarligen göra det.

---

[160] Kontakt

Min vistelse här torde bli rätt kortvarig. Hit har nämligen beställts egen läkare och det lär vara Torsten Strömberg från Grankulla, som kommer att avlösa mig. När han kommer skall jag försöka få permission tillsammans med Anneli. Här har jag igen ordnat en sjukstuga och redan har jag ett tiotal patienter där. Ryska ortsbor brukar också komma på mottagning och då har jag en 'Vienankarjalainen'[161] kvinna som tolk, så att jag begriper vad de klagar över.

Har fått löfte om att bli brigadens yngre läkare, när jag kommer härifrån. Då får jag vara i samma stad som Anneli och om vi klarar undan giftermålsbestyren fort, så tänker vi bosätta oss i samma lokal. Det blir alldeles som med Lasse Gripenberg på hans 'Kenttäsairaala'[162] på Karelska näset.

Förresten, har ni kanske läst på tidningen att Freddi Tigerstedt och Carl Edvard Borg har stupat. Och Caj Gefvert har förlovat sig med Ulla Andtbacka. Det händer allt möjlig tråkigt och roligt här i kriget.

Annars är här alldeles förbenat kallt. Det är ju nära Ishavet, eller rättare sagt Vita Havet och enligt sovjetiska väderlekstabeller, som vi hittat här, så är köldtemperaturer mellan 50 och 60 grader inte så sällsynta. Så att haven förbarmande med mig som annars är så rädd för köldgrader. Till all lycka fick jag en förträfflig fårskinnspäls så att om kroppen fryser jag åtminstone inte, när jag dessutom har mina yllekalsonger om låren.

Vet ni, det är nog världens bästa flicka den där Anneli. Hon skrev att hon fick hemifrån en burk hjortronsylt, men hon öppnar den inte

---

[161] kvinna från Vita Karelen

[162] Fältsjukhus

förrän jag kommer till henne. Och då när vi ännu bodde på JSP:t tillsammans tävlade vi om vem som först skulle vakna. Om hon vaknade först, steg hon upp och ordnade morgonkaffe, som hon hämtade på säng åt mig. Och om jag vaknade tidigare så smög jag mig in i hennes rum och tände brasa i hennes ugn, så att hon inte skulle frysa när jag hämtat kaffe (pardon: te eller 'korvike'[163]) åt henne på säng. Vi voro nog mera än tillåtet lyckliga (förstå mig inte orätt) fast det är krigstid.

Kanske jag slutar nu med att hoppas, att ni mår bra och att vi snart träffas.

Hejsvejs!

Thor-Ulf

45. SJUKTRANSPORT I ONTROSENVAARA. APRIL 1942.

---

[163] Finskt surrogat-kaffe

**46. DET FÖRSTA FINLÄNDSKA APOTEKET I ÖPPNAS ÄÄNISLINNA.
1942.10.06**

47. TÅGSTATIONEN I ÄÄNISLINNA. 1942

Fastlagsfärd med galen häst!
18.2.1942

Fader och Moder!

Känner mig hågad att skriva eder en epistel. Strängt taget har jag ingenting att påstå, men det lilla som har hänt här, kan man ju berätta om.

Arbetet har varit mera minimalt och för det mesta har man försökt bara sköta om sin egen hälsa och sin förströelse. Igår var det fastlagstisdag, så vi företogo en liten utflykt till vårt närmaste batteri ca 6 - 7 km härifrån med häst och släde. Anneli körde och som passagerare var förutom mig, lottan Vuokko och fänrik E. Aura.

Vi fick i misstag en bångstyrig och smått vansinnig häst, som tydligen inte var riktigt nöjd med att bli körd av en dam, för den började sätta iväg med den högsta fart den kunde få och Anneli hade inte mycket att påstå. Det var nog en färd, som höll på att kosta oss dyrt. Hästen formligen skenade iväg längs den hala isgatan så släden slängde från den ena sidan av vägen till den andra. Vi halade alla i tömmarna och försökte få hästen förnuftig, men omöjligt. Med allra högsta fart rusade den blint på och än på vänstra och än på högra sidan av vägen.

Just före en bro, som går över en fors, rusade den på vänstra sidan och en bil kom med hård fart mot oss. Just innan bilen rusade förbi, for hästen över på andra sidan av vägen och det var nätt och jämt att inte släden slog emot det mötande fartvidundret. Till all lycka hölls släden uppe på bron, så vi inte heller hamnade ner i forsen under oss. En god bit på andra sidan bron, fick vi hästen styrd upp i en snödriva, där den flämtande stannade.

Vi brydde oss inte om att fortsätta med det vansinniga djuret utan skaffade ett nytt, som var lugnt och beskedligt, och så fortsatte färden. Den andra hästen som vi fick, var inte någon lat häst, men den gick som ett urverk och den förstod att hålla sig på vägen utan att vi behövde veta av var vägen fanns. Tillbaka hittade den av sig själv. Så att det var nog den verkliga fastlagsresan.

Allt tyder på att jag i dagarna kommer att få en kommendering som läkare för fästningsarbetena här. Det skulle bli på två månader. Det goda med den kommenderingen är, att läkarna måste taga 20:- per patient och om man är flitig kan man komma upp till ett halvt tusen per dag om lyckan är god. Det skulle vara välkommet för mig som nygift. Det kan ju hända att herrar fiskaler har tagit den verkan i betraktande. Ho vet?

Av moster Miili fick jag härom dagen ett paket pepparkakor och 2 böcker. Det var nog välkommet. Måtte slika sändningar komma till oftare. Det verkar som om vår mat inte här är riktigt så som den borde. Åtminstone har jag känslan att jag inte blir riktigt mätt och att jag hela tiden går med hungriga tarmar. Därför är det så ljuvligt med 'lanttukukko'[164], som vi nu och då brukar få från Kolkontaipale[165]. När ni skrev om vassbuk och anjovis, som ni donerat åt svärföräldrarna Carlsén, så vattnades det i munnen på mig och så tänkte jag att om ni kunde skicka hit några burkar så skulle det vara härligt. Man sku´ få njuta riktigt ordentligt. Men fisken lär ju vara på borta nu, så jag undrar om ni kan skicka? Men om det går skulle vi vara glada. Knappast har Victor mera tomatsardiner nuförtiden. Om man får andra kryddor och sådant som tomatris och soja m.m. så skulle också det giva bättre smak åt vår enkla, nästan mera än enkla soldatkost.

Det här brevet blev nästan ett tiggarbrev så här mot slutet, men hoppas att ni förstår att här liksom där på hemmafronten är maten

---

[164] Kålrotstupp: kålrötter inbakade i rågbröd

[165] Svärföräldrarna Carlséns boställe i Rantasalmi efter flytten från Viborg

halva födan.Jag slutar väl då och önskar eder alla där borta hälsa och välmåga trots dessa tider.

fr. Thor-Ulf

P.S. Anneli har gjort sitt bästa och försökt författa brev till Thorborg, men hon har inte lyckats all den stund hon inte dess vidare känner henne. Om Thorborg, som äldre och förståndigare kunde skriva först, så vore det fint. D.S.

48. SKADAD LYFTES OMBORD PÅ SJUKTÅGET.

49. FINLÄNDSK PILOT MED FLYGPLAN 1941.06.24.

Blåskatarr, penningbestyr och flyg över Onega!
10.5.1942

Käraste hemfolk!

Ensam är jag åter. Anneli har farit för en vecka sedan till Kolkontaipale. Hon skulle ha avrest redan tidigare, men hon fick plötsligt blåskatarr och jag ville visa vad jag dög till som läkare. Jag började med att mata henne med Salol[166]. Det hjälpte inte. Sedan började jag med Urotropin[167]. Det hjälpte inte. Så skaffade jag Orions specialpreparat Amygdal och det verkade så bra, att hon inte hade besvär så länge hon var till sängs, men så fort hon steg upp, så var det på tok igen. Då förde jag henne till Dr. Lundstén på 'Sotasairaala'[168]. Han gav henne 9 tabletter Streptolysin under tre dagars tid och hon blev frisk.

Lundstén tänkte inte släppa bort mig från sjukhuset för han började demonstrera alla möjliga intressanta fall som han hade inne där. Bl.a. ett fall som hade vätska i hjärtsäcken. Och han påstod, att det här var det andra fallet i hans liv, som han hade sugit ut vätska ur hjärtsäcken på. Så sällsynt var fallet.

Ni har knappast en aning om huru mycket jag har arbete. Det är nästan så att man knappast hinner med någonting alls. Plånboken sväller dock avsevärt och på banken har jag nu ca 15,000:- på litet mera än 2 månader.

Talade här med en äldre medicine-kandidat, som var gift och hade barn, och han påstod att jag skulle göra klokast i att genast, när jag har klinikerna undan, dvs barn- och kvinnokliniken, alltså om lyckan är god och jag får fortsätta i höst, skulle taga vikariatet sommaren 1943 och börja förtjäna. Jag skulle lära mig lika bra på det sättet och

---

[166] Fenylsalicylat

[167] Hexamethylenetetramine

[168] Krigssjukhuset

så skulle det vara ekonomiskt lönande. Han hade gjort så och han ångrade det inte.[169]

Vet ni vad. Jag tror att lyckan är god och ordnar åt Christer en liten kusin till julen detta år. Åtminstone påstod Anneli att det var så. Hon har berättat det åt svärföräldrarna och de har sagt att man skall låta barnen komma, när de vill och inte vänta till senare för då kan det vara för sent. Och nog tänker jag att man på något sätt reder sig, just om jag tager vikariat följande sommar. Så att vi kommer nog att taga emot pöjken med öppna armar.

Det var ju sorgligt med Puttes fru. Jag har inte läst Husis på länge, så jag har inte alls märkt hela dödsannonsen. Hon fick tydligen Eklampsi alldeles som en lotta i Lahdenpohja, som jag blev tillkallad till. Hennes man, en undersergeant, kom och sökte mig och berättade, att hon fått kramper och att hon svimmat, samt att när hon vaknade, kunde hon inte se något alls. Han berättade inte alls att hon väntade på en "pöjk". Jag undersökte henne efter bästa förmåga och tyckte att det var märkvärdigt. Så plötsligt slog det mig i hågen, att kanske hon höll på att få barn, och frågade. De berättade att nog väntade hon, men inte borde det ännu komma. Jag tänkte redan, att nu får jag börja förlösa henne, men då mina kunskaper på det området var lika med noll, så skickade jag efter ambulans, som förde henne till Varkaus, där hon litet senare födde sin son. Båda blev nog ändå vid liv.

Tänker försöka få permission till midsommarn och komma till Porkala med Anneli, och så skulle vi ligga där ett par veckor, taga solbad och äta fisk, och glömma för en tid att det finns arga människor, som krigar mot varandra, och glömma bort fångar och koncentrationsläger.

---

[169] Thor-Ulf tar ofta upp inkomsterna och även förhoppningen om god mat och egen bostad, vilket säkert inte var ovanligt bland unga män i samma situation som hans.

169

Tiden går hemskt fort, när man sjåar på för fullt. Innan man får upp ögonen så ringer telefonen och så håller den på så länge man är hemma. Men för det mesta är jag någonstans och har mottagning eller på sjukbesök. Här i Äänislinna[170] har jag grundat en liten sjukstuga för 'Aunuksen Rakennus piiri'[171], som har närmare 1000 man i sin tjänst. Två st sjuksystrar sköter om butiken[172], dit jag skaffat möbler, instrument och läkemedel. I morgon har jag min första mottagning på det nya stället. Det kan bli en 500:- marks dag igen som i går.

Här om dagen hade jag besök av flygarlöjtnanten Håkan Strömberg, som i tiderna var förtjust i våran Poggo[173], nu fru Nyström. Han ligger på flygfältet här i närheten och har en jagare som han för. Han kom helt överraskande och knackade på dörren och i hans sällskap var Inga Sahrberg, som är sjuksköterska här på Sotasairaala. Han berättade vilda historier, som mest var tagna ur luften. Han hade en vacker morgon för någon tid sedan flugit över Onega och sett två figurer klädda i snökåpor plumsa i snön i riktning mot öster och då de inte gåvo tecken åt honom, som våra patruller har order om att att ge åt flygmaskinerna, så dök han på dem och lät litet maskingevärskulor vissla om öronen så de föll ihop som två vita trasor i snön. Våra patruller hittade dem några dagar senare och konstaterade att de voro två kvinnor från våra koncentrationsläger, som tydligen voro på väg över till andra sidan för att söka reda på sina karlar. Krig är grymt! Eller vad?

Tänker gå på bio nu ikväll, så jag slutar nu.

---

[170] Petrozavodsk

[171] Krigsstyrelsens fortifikationsorganisation i Aunus-distriktet

[172] Läkarmottagningen

[173] Syster Thorborg

Hej, hej nu så mycket och skriv. Jag tror att jag kommer att ha bättre tid att skriva när jag är allena och har litet ledsamt.

Thor-Ulf

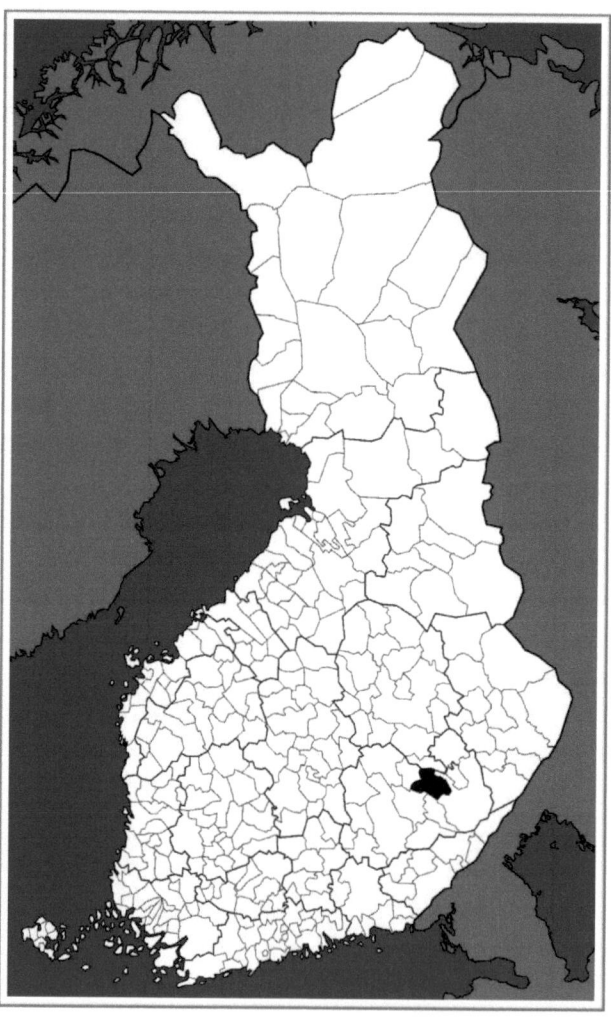

50. KOLKONTAIPALE (RANTASALMI)

Nyårsafton!
Kolkontaipale, 31.12.1942

Käraste farfar, farmor och faster Nunnu!

Anlände i förrgår till Rantasalmi för att hälsa på sonen. Ni vill väl genast veta något om honom. Han föddes den 27.12 kl 20:30 på kvällen. När morföräldrarna följande dag var och hälsade på honom, så tyckte de att jag fått en indian-pojke. Han var så mörkröd och näsan var böjd som en örnnäsa på en indian. Han vägde 4,345 kg och var 51 cm lång, alltså en fullt normal frisk "påg".

I förrgår på kvällen kom jag hit, men i går såg jag honom första gången och det första intrycket jag fick, var att han var en liten fuling. Men så småningom började han verka allt mera sympatisk, när jag konstaterade, att de olika dragen inte alls voro så oävna och vid jämförelse med de andra så föreföll han mycket rasrenare[174], trots att jag tyckte att han närmast liknade en eskimåunge med smala sneda ögon. Han hade feta, runda, röda kinder som Fridolf Celinder[175].

Håret är mörkt, nästan svart. Fina mörka ögonbryn i båge över ögonen, vars ögonlock är en aning svullna så de se ut som små grisögon. Näsan liknar Gunnar Bärlunds (vi har tänkt kalla honom Leif Gunnar därför). Den är nämligen ganska bred och liksom tilltryckt framifrån, men barnmorskan säger att den kommer att stiga upp ännu och kommer inte att bli någon oppnäsa. Öronen är små och välformade och tätt intill sittande mot skallen.

---

[174] Thor-Ulf hade fått sin grundutbildning under en tidsperiod, när rasläror var en del av utbildningen och något man kunde tala om - innan de tyska nazisternas övergrepp hade kommit till allmänhetens kännedom. I breven tar han ofta upp sonen Leifs yttre karaktärer. Troligen mest i skämtsamt syfte i dialogen med fadern Anton, som hade sina vikingaideal.

[175] Klassisk svensk tecknad serie skapad 1912 av Knut Stangenberg

Munnen har riktig amorsbåge på övre läppen och den lär ha en våldsam sugkraft när den diar. Huvudformen är lång och smal och har inga inga blodsutgjutelser efter förlossningen, så att man måste säga, att skallen är det vackraste han har. Pannan liknar litet min, för han har två likadana djupa vikar i den som jag. Om "Pusten"[176] hade stora händer, så tror jag att den här "pågen" inte är långt efter i det avseendet. Som sagt tror jag att "pöjken" är en fin pöjk.

Genast efter födelsen lär han ha varit matfrisk och hade skrikit våldsamt efter mat. Hans röst är mycket kännspak. Det är inte något sådant där elakt skrikande, utan han har en lägre stämma än de andra av hans rumskamrater, men starkare och långt utdraget så man skulle tycka att inte lungorna i en sådan liten kropp skulle räcka till. Och han skriker bara när han är hungrig.

Det blir skojigt att se honom efter några månader.

Anneli mår fint och hela processen gick mycket lättare än hon trodde. Just innan det riktigt började så hade hon klagat så att barnmorskan hade sagt, att hon kommer säkert att skrika hemskt som de flesta läkarfruar. Men de hade blivit förvånade, när det inte hade blivit någon värre skrikkonsert sedan.

I kväll går vi alla härifrån till barnbördshuset och firar nyår tillsammans med "pågen" och Anneli. Vi ska bjuda barnmorskorna på kaffe med kaka och jultårtor med äppelmos på. Pågen har redan fått ¼ kg socker och 'korvike'[177]. Tobakskort ha han inte ännu fått.

---

[176] Systersonen Christer

[177] Kaffesurrogat

Den 2.1.1943.

Blev plötsligt avbruten av middagen här senast, så nu först kom jag mig för att fortsätta. Nyårskvällen blev riktigt trivsam hos pågen och Anneli. Jag har nu nästan varje dag varit 2 ggr om dagen och hälsat på dem. Pojken är hungrig bara och dricker mjölk så det säger klunk, klunk när han sväljer. Har har så våldsamt bråttom att få ordentligt tag, så han blir riktigt arg och skriker om det inte genast går, och när han dricker så gör han det så häftigt, att det ibland rinner mjölk ut från näsan på honom.

Näsan har redan börjat höja sig och barnmorskan påstår, att den blir likadan som min näsa. Men det kan man ju inte säkert förstås säga.

Julen på tåget gick också bra. Vi fick skinka, kålrotslåda och potatis. Risgrynsgröt som efterrätt med mandel i och allt av staten. Nio cl rombrännvin och akvavit fick var och en också. Anneli skickade åt mig ett paket med godsaker + en munharmonika, som jag redan lärt mig spela på, och andra julklappar, läderhandskar t.ex.

Kanske jag slutar igen med hälsningar från alla här, pågen, Anneli, och de nya morföräldrarna och jag.

Thor-Ulf

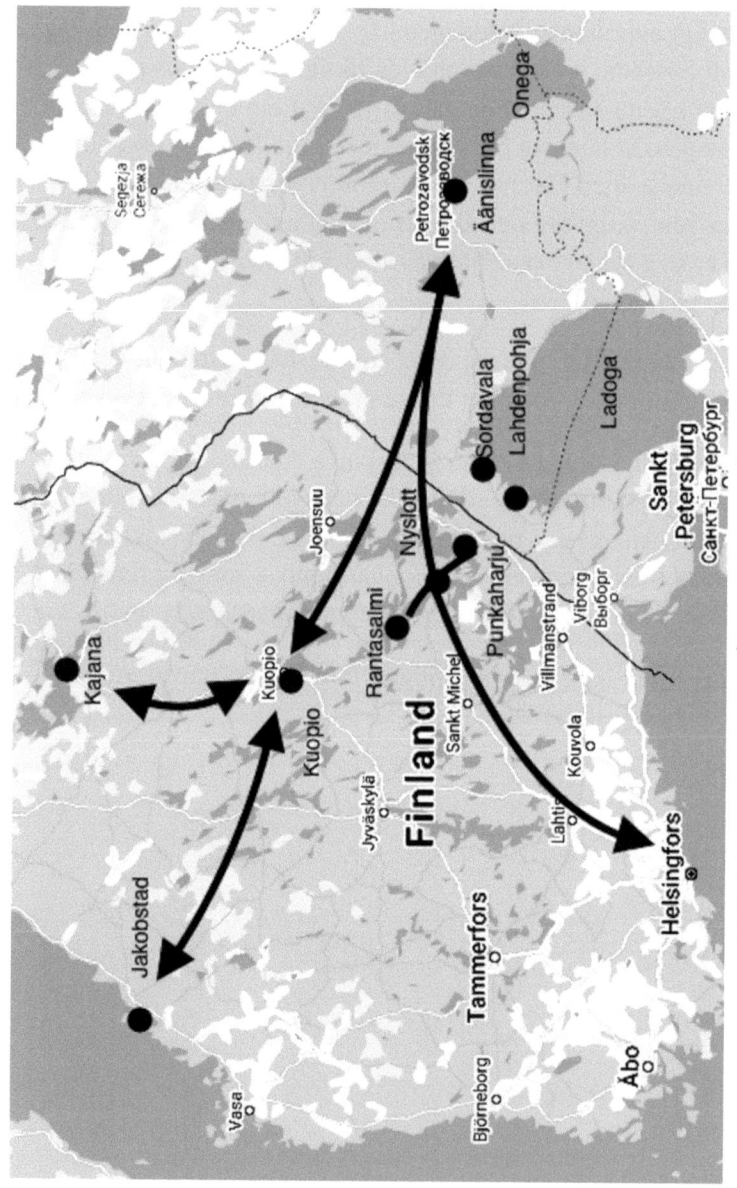

51. RESOR MED SJUKHUSTÅG KORS OCH TVÄRS ÖVER FINLAND.

Sjuktåg kors och tvärs över Finland!
Kajana, 03.05.1943

Föräldrar och syster!

Då jag nu hållit en längre paus, tänkte jag, att jag skulle skriva ett litet brev till eder. Det är så litet som händer här, att man inte får ihop stoff till ett ordentligt brev. Därför har jag varit så tystlåten av mig. Jag skrev ju till Nunnu[178] att jag hade varit i Jakobstad och träffat Calle Ramsay, och att jag bott en natt på Aulanko med dr Kaplan. Efter det hade vi en resa till Äänislinna[179] och Kuopio. Nu ligger vi i Kajana och solar oss, skidar och försöker njuta av tillvaron efter bästa förmåga. I dag är det i synnerhet ett härligt väder, men då min reumatism börjat höra av sig igen, så beslöt jag mig för att stanna här på tåget och äta Aspirin[180], så att den inte blir värre. Det är min vänstra axelled, som inte låter mig sova om nätterna. I fem nätter har den bråkat redan.

Jag minns inte om jag berättat redan att jag varit i Rantasalmi och hälsat på sonen min. Han var 6 veckor gammal då och vägde 5 kg 515 gram. För en vecka sedan ringde jag Anneli från Nyslott, som vi åkte genom när vi hämtade patienter till Punkaharju, och hon berättade att pöjken ökar våldsamt i vikt och längd. Han vägde 6 kg150 gram och var 61 cm lång. Alltså har han vuxit över 10 cm på 2 månader.

Pappa Carlsén är mycket stolt över dottersonen sin och säger, att där ser man huru bra det är att blanda blod av alla möjliga olika sorters människor. Han har ju nyländskt, norskt och karelskt påbrå och växer och frodas i Savolax. Jag bad Anneli få tag i en fotograf, som skulle

---

178 Syster Birgit

179 Petrozavodsk

180 Acetylsalicylsyra

knäppa en bild av honom, så vi kunde skicka den åt eder. Då sku' ni få se en stilig yngling på 2 månader.

Annars är det ju fatalt med syster Cebor. Man kan ju ingenting annat än hoppas att hon klarar sin difteri. Den är i allmänhet ingenting att leka med. Ofta blir det ju alla möjliga tråkiga följdsjukdomar.

Jag kommer antagligen att infinna mig i huvudstaden i mitten av denna månad. Vårt tåg permitteras då igen för en månad. Och det kommer att ligga i Helsingfors. Jag får visserligen kommendering någon annanstans, men ett par, tre dagar räcker det ändå i H:fors att få allt i ordning där. Sedan försöker jag igen slippa några dagar till Rantasalmi.

Här i Kajana borde ju ha funnits apotekerskan Aino Arvola, men inte hittar jag i telefonkatalogen ett sådant namn. Jag tänkte annars eventuellt gå och hälsa på Nurmijärviborna. Vi var ju här då för ett antal år sedan med Enoksons. Deras apotek är åtminstone sönderbombarderat och har flyttat till en annan gård.

I Kuopio var vi och hälsade på en av fänrik Alhos bekanta. Där var samtidigt en Hauptmann Müller och Unteroffizier Kuphau och vi hade riktigt trevligt att "deutsch sprechen" med dem. Senare på kvällen fick vi tag i två rikssvenskar, som gav åt oss var sin Palmolive-tvål av äkta svenskt fabrikat.

Kaplan har för övrigt fått 3 månaders arbetspermission och istället har vi här nu en barnläkare, dr Huhtikangas. Det passar bra att fråga ut honom om hur pöjken skall skötas. Anneli skriver och frågar mig och jag frågar vidare och så avlägger jag rapport åt henne.

I går spelade vi skruv med Huhtikangas, Alho och fältväbeln Lehto och jag fick stryk så det riktigt var obehagligt. Jag kan ju inte spelet ännu så att man kan skryta med det. Schackturneringar ha vi haft här med 11 deltagare och i dem utgick jag som överlägsen segrare istället. Fänrik Alho blev på 7:e plats. Nu ha vi indelat spelarna i A-,

B-, och C-klass och fortsätter flitigt att spela. Sedan jag kom till tåget har schackintresset stegrats kraftigt bland manskapet och nya spelare har börjat träna.

Kanske jag slutar nu igen och hoppas på ett snart återseende efter 1 á 2 veckor. Må så väl och hälsa alla från eder son,

Thor-Ulf

52. ANNELI OCH THOR-ULF

53. ANNELI, LEIF OCH THOR-ULF I TRÄDGÅRDEN I HARAKKAHARJU I RANTASALMI

Trädgårdskonstruktör i Harakkaharju!
Pieksämäki, 12/10, 1943

Föräldrar!!

Sitter just nu i ett rum på Matkustajakoti Keskus[181] i Pieksämäki, som jag bebott sedan i går kväll. Först ikväll far mitt tåg tillbaka mot Rantasalmi. Jag blev nämligen kommenderad till Joroinen, som vi hoppades. Så nu är jag förlagd blott 30 km från Anneli och sonen Leif. Man hade tur som vanligt.

Vår resa från H:fors med Anneli och Leif gick fint. Vi hade sovkupé och Leif kände sig som hemma i den. Där satt han sina riktiga tider på 'keijan'[182] och kände sig som en gammal och van resande. Dock var han synnerligen intresserad av kupéinredningen. Alla blänkande mässingsknappar och dinglande klädhängare måste han få vidröra, annars var han arg.

I Rantasalmi var en bil emot oss och så bar det iväg till Harakkaharju, som deras nya gård heter. Namnet påminner litet om Skrakatall. Mormor och morfar voro speciellt glada när Leif kom. Och han uppskattade i synnerhet Peter[183].

Alla våra saker hade kommit bra fram. Pianot hade inte ens blivit så ostämt att det inte skulle gå att spela på det. Vi inflyttade med Anneli i bastukammaren, som var riktigt snyggt inredd.

På något vis påminde platsen och gården om Grankulla, så jag blev ivrig att laga om i trädgården. Först ritade jag efter noggranna mått med linjal och penna en karta över gårdsplanen och planterade 10 st äppelträd, som de hade beställt, i rader med 5,5 meters mellanrum.

---

[181] Gästhemmet Centralen

[182] Pottan

[183] Svärföräldrarnas hund

Mätte ut på kartan först och sedan på gårdsplanen bänkar och vägar så att mormor Alli skulle få plantera perenna växter såsom vi förr i tiden hade i Grankulla.

De hade köpt 5 stora drivbänksfönster, och så tog jag mig för att bygga en fin drivbänk åt svärföräldrarna så att den är nu färdig till våren. Jag steg åtskilligt i deras aktning när jag hade uträttat allt detta. De tyckte att jag borde ha varit där en längre tid, så de skulle ha fått hela gården planerad. De som tidigare hade bott där, hade inte använt metermått eller ens ögonmått, för de gamla äppelträden voro placerade hur som helst. Men med min karta så var det enkelt att ordna det om. Mormor Alli tyckte att kartan var fiffig och jag sade att en sådan hade också farfader Anton, när han lagade äppelträdgården och perennbänkarna i Grankulla.

När jag dessutom uppträdde som elektrisk montör och kopplade in lampkronor så att man kunde knäppa olika lampor med olika knäppningar, tyckte de att jag var mångkunnig.

Leif kommer så klart att må fint, och han uppskattar djuren som en gammal farmare. I förrgår, alltså på söndagen, satt han för första gången på hästryggen och han hade roligt. Skrattade och smällde hästen i ryggen, men hästen Pekka märkte knappast vad det var han hade på sin rygg. Så har Leif varit i fähuset och hälsat på de två kossorna och det feta svinet, som knappast orkar hållas och stå.

Kalkonen tycker Leif mera om än hönsen. Tuppen (höns-tuppen), som knappast är fullvuxen ännu, har blivit dödsdömd av Anneli, för den har anlag för ilska. Om hon går förbi den, så lurar den på henne och försöker hacka henne i benen. Speciellt småbarn tycks den tuppen inte uppskatta. För Leifs skull har Anneli dömt den till döden, och en vacker dag får man nog se den på matbordet i stekt form.

Kaija Lauria från min kurs är nu t.f. kommunalläkare i Rantasalmi. Hon var på besök hos oss i förra veckan och trivdes utmärkt. Vi satt efter 'korvike'[184] och fixade brasa och åt kaneläppel. Och svärföräldrarna tyckte att hon var ett trevligt ungt läkarfrö. Den förra läkaren i Rantasalmi hade blivit så överansträngd av arbetet, att han en vacker morgon befann sig sittande på sjukhusets gårdsplan lekande med grankottar i sanden, alldeles som om han varit en pöjk på 5-6 år.

På söndagen var det teater i byn. Rosi Rinne från "Kansan Näyttämö"[185] var på turné, och hon håvade säkert in lite ansenligt, för lokalen var mera än fullsatt. Stycket som spelades var nog inte av någon högre klass, men kvällen förflöt ganska trivsamt trots det.

Tror att jag slutar nu. Min adress är ännu höljd i dunkel, men om ni har något viktigt, så skriv till Rantasalmi. Jag kommer så klart att nästan dagligen stå i kontakt med dem där.

Nå - hej då igen. Eder son

Må bra!!

Thor-Ulf

---

[184] surrogatkaffe

[185] Folkets Teater

54. LEIF OCH ANNELI

F. Fred den 19 september 1944

Sedan det blivit uppenbart att Tyskland inte skulle komma att avgå med segern i andra världskriget uppstod en finländsk fredsopposition, som dock inte i nämnvärd mån påverkade regeringens politik, eftersom denna hade samma målsättning, dvs att lösgöra Finland ur kriget. Medan ställningskriget pågick gjordes från finländskt håll flera fredstrevare, men dessa försök stupade på Sovjetunionens fasthållande vid 1940 års gränser och Tysklands starkt avvisande hållning.

Efter det att en sovjetisk offensiv inletts på Karelska näset i juni 1944 avgav president Risto Ryti en personlig förbindelse att Finland inte skulle sluta separatfred utan tyskt samtycke, det s.k. Ribbentropavtalet. I gengäld erhöll Finland en viss materielhjälp (bl.a. pansarvärnsvapen) och bistånd främst i form av tyskt flyg.

Det ställningskrig som hade pågått sedan de sista dagarna av året 1941 avbröts 9/6 1944, då Sovjetunionen igångsatte ett förödande anfall, vilket ledde till att Karelska näset söder om Vuoksen förlorades inom några veckor. Viborg föll 20/6, men därefter stabiliserades fronten efter hårda avvärjningsstrider vid Tali-Ihantala, där bl.a. det största pansarslaget i Nordens historia stod utmed den s.k. VKT[186]-linjen fram till krigets slut.

Sovjetunionen började under andra hälften av juli 1944 överföra trupper till den mellaneuropeiska krigsskådeplatsen, varefter striderna på Karelska näset ebbade ut. Vid det laget hade de finländska styrkorna i Östkarelen, som försvagats genom trupptransporter till Karelska näset, inför en sovjetisk offensiv retirerat bortom 1939 års gräns och bjudit fienden motstånd vid den s.k. U-linjen, som löpte från Ladogastranden till Ilomants, där de sista hårda striderna utkämpades i början av augusti 1944. Vid samma tid avgick Ryti, och Mannerheim valdes 5/8 till president genom en särskild lag.

Marskalken deklarerade för tyskarna, att han inte kände sig bunden av Ryti-Ribbentropavtalet, varför fredsunderhandlingar kunde inledas. Sovjetunionen, som tidigare på våren hade krävt

---

186 Viborg-Kuparsaari-Taipale-linjen var en finsk försvarslinje på det Karelska näset

villkorslös kapitulation, ställde nu som krav för förhandlingar att Finland skulle bryta sina relationer med Tyskland, och avväpna de tyska trupperna inom två veckor, senast 15/9. Den 2/9 avbröts förbindelserna med Tyskland, och två dagar senare trädde vapenstilleståndet i kraft.

Enligt vapenstilleståndsavtalet bekräftade Finland 1940 års gräns och avstod Petsamo till Sovjetunionen, vartill landet förband sig att betala ett betydande krigsskadestånd och avväpna de tyska trupperna i norra Finland. Porkalaområdet på ca 1 000 km2 ett trettiotal km väster om Hfrs utarrenderades till Sovjetunionen på 50 år.

Den slutgiltiga freden mellan Finland och Sovjetunionen undertecknades 10/2 1947 i Paris (Parisfreden) och bekräftade i stort sett vapenstilleståndsvillkoren. Dessas efterlevnad övervakades under perioden fram till fredsslutet av en allierad kontrollkommission med representanter för Sovjetunionen, som var tongivande part, och Storbritannien jämte dominier.

Kriget hade kostat Finland 65 700 man i stupade och saknade samt 148 000 i sårade. På hemmafronten och bakom stridslinjerna krävdes 939 dödsoffer genom luftbombardemang. Antalet av fienden tillfångatagna var 3 500 krigsfångar, av vilka drygt hälften kunde återvända till hemlandet efter kriget. Genom landavträdelserna blev inemot en halv miljon människor hemlösa, därav flertalet evakuerade från Karelen (förflyttad befolkning).

Sedan kriget med Sovjetunionen avslutats, återstod att fördriva de tyska trupperna från norra Finland. Rensningsoperationerna, som medförde stor materiell förödelse i området norr om Ule älv (Lapplandskriget), varade ända till april 1945, då andra världskriget definitivt var ett avslutat kapitel för Finlands del. Hösten 1944 bringades känsligt finländskt underrättelsematerial i säkerhet till Sverige (Stella Polaris-affären).

Ref.: https://www.uppslagsverket.fi/sv/sok/view-103684-Fortsaettningskriget

Epilog

Thor-Ulf, som systrarna kallade "Torre", växte upp i Kyrkslätt och Porkala utanför Helsingfors, släkten Westerbergs urhem. Fadern Anton var skollärare, försäkringstjänsteman och författare. Modern Elin Granberg kom från Nurmijärvi. Båda föräldrarna kom från barnrika familjer och därmed hade Torre många släktingar i området kring Helsingfors, av vilka flera även finns omnämnda i brevens berättelser från kriget.

Torre var en inbiten schackspelare. En skicklig sådan, vilket en stor samling tävlingspriser också vittnar om. Efter långa, intensiva arbetsdagar, kunde han sitta uppe under nätterna och spela schack mot sig själv eller analysera internationella storspelares partier. Ett annat stort intresse var sång och musik. Han sjöng andra bas och missade sällan varje vecka återkommande körövningar.

Intresset för läkaryrket och den medicinsk/biologiska vetenskapen växte fram redan i tonåren under skoltiden i Grankulla åren runt 1930. Exkursionerna ut i naturen med honom kunde bli jobbiga, när han i vällovligt syfte försökte överföra till oss barn sina omfattande kunskaper om växter och djur, som han därtill kunde namnge både på svenska och latin. Han kunde utan svårighet skilja mellan ett par tusen gräs och örter i naturen redan under skoltiden.

Av breven framgår hans utveckling som läkare. Hans ursprungliga ambition var att bli inremedicinare, men erfarenheterna under kriget fick honom, som framgår av breven, att fundera över en framtid som kirurg. Efter krigsslutet stod han där formellt fortfarande som medicine kandidat, kanske omtumlad, men förmodligen lättad över att tillsammans med familjen, Anneli och Leif, ha klarat krigsåren med livet i behåll. Den under kriget förlorade tiden för erhållande av med.lic.-examen måste därefter snabbt tas igen och sedan började familjen växa, vilket fick betydelse för hans fortsatta karriärval.

Tio år efter krigsslutet bestod familjen av sju personer, två stora hundar och en katt. Som i tidens anda ensam ansvarig för familjens finansiella intäkter, var han tvungen att i sitt yrkesval låta sig styras av privatekonomiska överväganden. En kort tid i början av 1950-talet hade han bl.a. privatpraktik i Riihimäki, varefter tjänstgöring på sjukhus i Kemi och Mariehamn följde. Efter en tid som kommunalläkare i Jalasjärvi i finska Österbotten, 1958/62, återkom han som stadsläkare i Mariehamn.

Som framgår av breven hade Thor-Ulf reumatiska besvär som följd av "krypande i snön" och på hästryggen i dagar i 30 - 40 graders kyla. Något han naturligtvis inte var ensam om. Senare i kombination med långa arbetsdagar och nätter - särskilt under tiden i Jalasjärvi med ansvar för 16.000 invånare fördelade på två läkare, där Thor-Ulf även hade ansvaret för ett mindre, välutrustat sjukhus -, samt rökare som han var, och med begränsat med tid för motion, började följderna bli kännbara. Endast 46 år gammal drabbades han av hjärtinfarkt. Tre år senare, 1965, avled han i sin tredje hjärtinfarkt.

Mer än ett halvt sekel efter Torres bortgång upphittades ett stort antal av de brev han skrev under krigsåren. Varje brev är en historia för sig, berättad med en underton av den humor man ändå kan tillåta sig under de påfrestande förhållanden, som kriget i de östliga, finska urskogarna innebar. Han ger i breven en bild av frontsoldatens vardag under en tid, när brevväxling var vad bildöverföring med mobiltelefon är för oss idag. Varje brev börjar därför med kommentarer om inkomna brev och avslutas med påminnelser om de flytande adresserna i samband med omflyttningarna i krigszonen. Att hålla kommunikationen brevledes igång, var nödvändigt för att frontsoldaten mentalt skulle stå ut. Därtill ger breven en inblick i frontsoldatens levnadsförhållanden, ärligt berättade utan andra avsikter än att hålla familj och vänner informerade om att man fortfarande var vid liv. JW.

Tack!

Brevsamlingen möjliggjordes, genom att Christer Nyström
(Poggos son "Pusten"), under många år hade sparat Torres
brev skickade till föräldrarna och till systern Thorborg
(Poggo) under krigsåren. Monica Arbelius (Inga-Lills dotter
"Moca") hade i sin ägo några brev, som gav förklaringen till
Annelis plötsliga framträdande, vilket kom att ändra
berättelsens karaktär. Susanne Sumelius (min syster Guppo)
liksom också Kristina Westerberg (min Stina) har fungerat
som bollplank och hjälpt till med att tyda Thor-Ulfs ganska
svårtolkade handstil.